MÉMOIRE

SUR

L'HOSPICE DE LA MATERNITÉ.

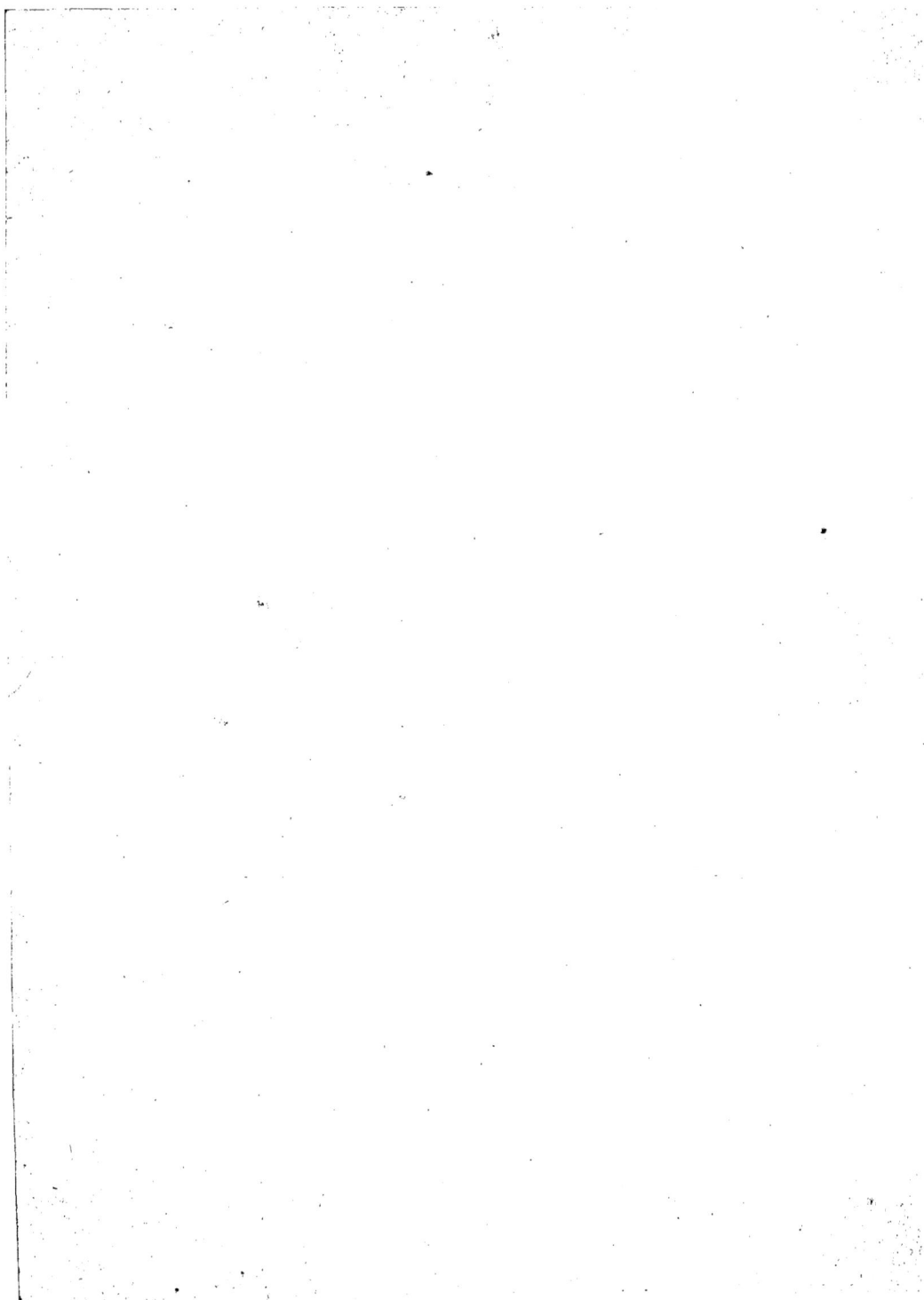

MÉMOIRE

HISTORIQUE ET INSTRUCTIF

SUR L'HOSPICE

DE LA MATERNITÉ.

Non nobis solùm nati sumus, ortùsque nostri
partem patria vindicat, partem, pauper.

PLATO *ap. Cic. de off.*

CONSEIL GÉNÉRAL D'ADMINISTRATION
DES HOSPICES CIVILS ET SECOURS DE PARIS.

SÉANCE du 2 novembre 1808.

LE CONSEIL GÉNÉRAL,

Ouï le Rapport d'un de ses Membres, sur un ouvrage contenant tous les détails du service des Enfans abandonnés, de la Maison d'Accouchement, et de l'École des élèves sage-femmes, dont les auteurs MM. HUCHERARD, Agent de surveillance, SAUSSERET, Préposé à l'État civil, et GIRAULT, Contrôleur du Mouvement intérieur de l'Hospice de la Maternité, prient le Conseil d'agréer l'hommage.

Voulant leur donner un témoignage de satisfaction pour un travail qui prouve qu'ils s'occupent, avec zèle et intérêt, de toutes les parties du service auquel ils sont attachés ; ARRÊTE :

ARTICLE Iᵉʳ.

L'Exemplaire du manuscrit sur l'Hospice de la Maternité, offert au Conseil par MM. HUCHERARD, SAUSSERÊT, GIRAULT, sera déposé aux archives.

ART. II.

L'Ouvrage sera imprimé aux frais de l'Administration, et tiré à 1200 Exemplaires; six cents seront remis aux auteurs, et le surplus sera vendu au profit des pauvres.

ART. III.

Le présent arrêté sera imprimé en tête dudit ouvrage, et l'expédition en sera délivrée à MM. HUCHERARD, SAUSSERET, et GIRAULT.

Fait à Paris, le 2 novembre 1808.

Signé CAMET DE LA BONARDIÈRE, *Vice-Président.*

Visé par M. le Conseiller d'Etat Préfet de la Seine, le 4 novembre 1808.

Signé FROCHOT.

Pour copie conforme,

Le Secrétaire général de l'Administration,

Signé MAISON.

AVERTISSEMENT.

DANS le nombre des établissemens publics qui existent à Paris, et qui sont destinés, soit à secourir les malades, les indigens et les insensés, soit à donner asile à des vieillards ou à des orphelins, il en est un qui, par sa nature, semble fixer d'une manière plus particulière l'attention des étrangers, que des vues philantropiques portent à visiter ces sortes d'établissemens, c'est l'Hospice de la Maternité, autrefois connu sous la dénomination d'Hopital des Enfans Trouvés.

Ce n'est, en général, que lorsqu'ils ont déjà parcouru quelques hospices ou hopitaux de la Capitale, que ces étrangers viennent à la Maternité; la prévention la plus favorable les y amène, parce qu'ils ont déjà eu occasion d'admirer dans ces maisons l'ordre, la propreté, la marche régulière et précise du service, en un mot, tous les résultats d'une sage administration; mais combien leur étonnement est grand, lorsqu'après avoir consacré sept et huit heures à visiter l'Hospice de la Maternité, et à connoître la marche de son administration, ils reconnoissent la difficulté d'embrasser à la fois toutes les branches de son service, tant intérieur qu'extérieur, leur enchaînement, l'appui que se prêtent chacune de ces branches, et qu'après avoir obtenu des entretiens fréquens, qu'ils désirent avec tout l'intérêt que l'établissement leur inspire, ils n'emportent encore, le plus souvent, que le regret de n'avoir qu'une théorie imparfaite.

On a donc pensé, que dans une circonstance où les institutions de toute nature, dirigées par le génie qui les a recréées, arrivent progressivement à un dégré de perfection qui doit les présenter pour modèle à l'univers, on a pensé qu'un Mémoire Historique et Instructif sur l'Hospice de la Maternité, pourroit être non-seulement intéressant, mais encore d'une grande utilité pour des étrangers que l'amour de l'humanité, ou qu'une mission particulière conduit dans cet asile de bienfaisance, pour reporter après dans leur patrie le fruit de leurs recherches et de leurs observations.

Ce Mémoire Historique et Instructif rappellera d'abord, dans un discours préliminaire, l'origine de l'Hopital des Eufans Trouvés, le suivra dans ses accroissemens successifs, et le conduira enfin au moment où il a changé de dénomination; puis envisageant cet hopital sous le titre d'Hospice de la Maternité, on considérera les circonstances qui ont fait naître cette nouvelle institution, les avantages que l'on en attendoit et qu'on a reçus; et lorsque tous les élémens qui la composent auront été présentés sous un point de vue général, on exposera, à la suite du discours, la marche du travail qui s'exécute dans les diverses parties du service administratif de cette maison, les formes qui y sont observées, leur nécessité, les motifs d'intérêt politique, physique ou moral sur lesquels elles reposent; et enfin comment ces formes, qui se suivent isolément, ramènent tout à un centre commun pour ne présenter en définitif que des résultats généraux.

Si ce Mémoire atteint le but qu'on se propose, l'étranger acquerra facilement sur l'hospice, des connoissances dont il pourra faire l'application avec succès aux établissemens de même nature que des Souverains voudroient établir ou perfectionner dans leurs états.

Les Préfets et les commissions administratives des hospices des Départemens pourront y trouver quelques détails utiles aux établissemens qu'ils dirigent.

Les sage-femmes, répandues dans les campagnes, puiseront dans cet écrit le souvenir d'une maison où elles auront acquis des connoissances solides, et, lorsqu'elles jouiront des avantages d'un état honorable, qu'elles auront le désir de transmettre à leurs enfans, avec quel empressement ne leur feront elles pas lire l'historique des devoirs qui leur étoient imposés, et dont l'objet étoit de garantir leurs mœurs et d'assurer leur instruction.

Présenter aux amis de l'humanité le tableau d'un établissement aussi utile, c'est rendre public l'ouvrage du Conseil Général d'Administration des Hospices et Hopitaux Civils de Paris, auquel on doit tous les réglemens sages, toutes les mesures salutaires qui régissent cet hospice.

DISCOURS PRÉLIMINAIRE.

LE rapprochement qui va être établi entre ce qu'est aujourd'hui l'Hospice de la Maternité, et ce qu'étoit autrefois l'Hopital des Enfans Trouvés, offrira la preuve la plus convaincante du zèle avec lequel on s'est occupé en France, surtout dans les premières années de ce siècle, de perfectionner le régime des pauvres.

Dans tous les tems, les Enfans Trouvés ont paru mériter l'attention des magistrats ; l'autorité publique a souvent pris des mesures pour aviser à la subsistance des Enfans abandonnés : leur nourriture et leur éducation étoient, dans la ville de Paris comme dans tout le Royaume, une des charges de la haute-justice des seigneurs.

Cependant, malgré toutes ces précautions, il manquoit un lieu de retraite pour ces enfans, et il est dû aux soins charitables de SAINT-VINCENT-DE-PAULE, Instituteur de la Congrégation de Saint-Lazare.

Il fut touché du sort malheureux de ces enfans, par l'abandon qu'en faisaient des pères et mères, ou inhumains, ou dans l'impuissance de les nourrir et de les élever ; la perte de ces jeunes sujets pour l'Etat, intéressa le cœur de SAINT-VINCENT, si disposé aux œuvres de la charité.

L'Epoque de ce germe de l'Hopital des Enfans Trouvés, est de l'année 1638. Une dame veuve charitable fut touchée de leur état ; elle voulut bien se charger de les recevoir, et messieurs les commissaires du Châtelet, après avoir dressé procès-verbal de l'enfant exposé, l'envoyoient chez cette veuve : elle demeurait près St.-Landri, et sa maison fut nommée la maison de la Couche, nom qu'on a donné depuis à l'Hopital des Enfans Trouvés, Parvis Notre-Dame.

Ce premier établissement des Enfans Trouvés, ne dura pas long-tems ; la charge devint trop forte pour la personne. qui avait bien voulu la prendre ; ses servantes, ennuyées et fatiguées par le cri des enfans, en firent un commerce scandaleux : ces ames viles et mercenaires vendoient, ces jeunes enfans à des mendiantes, qui s'en servoient pour exciter la commisération du public en le trompant.

Des nourrices dont les enfans étoient morts, achetoient de ceux-là pour se faire téter ; plusieurs d'entr'elles leur donnoient un lait corrompu et, au lieu de leur procurer la vie elles leur donnoient la mort, par la maladie qu'elles leur communiquoient. On achetoit de ces enfans pour en remplacer et pour en supposer dans les familles. Il en résultoit un grand trouble dans la société : le prix de chaque enfant étoit fixé à 20 sols.

Ces abus et ces désordres furent bientôt connus ; on cessa d'envoyer les enfans dans un asile si dangereux pour eux.

Dans la même année 1638, l'hospice destiné à les recevoir fut transféré près Saint-Victor, et confié aux soins d'une personne pieuse.

En 1640, SAINT-VINCENT-DE-PAULE convoqua une assemblée de dames charitables, qui avaient bien voulu jusqu'alors concourir au soin des enfans trouvés : des vues furent proposées, le Roi les accueillit avec empressement, et accorda le château de Bicêtre pour retirer ces enfans. La vivacité de l'air de cette maison s'opposa à leur conservation ; on les ramena dans le faubourg Saint-Lazare, où ils furent nourris et élevés jusqu'en 1670 ; de là ils furent transférés dans la rue Neuve Notre-Dame.

C'est de cette époque que date la fondation de l'Hopital des Enfans Trouvés.

Des réglemens lui assurèrent une organisation positive.

Les enfans furent confiés aux soins des Sœurs de la Charité, instituées elles-mêmes par SAINT-VINCENT-DE-PAULE.

L'Établissement fixa plus que jamais la bienveillance du Gouvernement et le zèle des personnes charitables. On vit successivement les secours abonder, et l'hopital acquérir des fonds assez considérables par ses économies et sa bonne administration.

Si les ressources augmentoient chaque année, le nombre des enfans devenoit aussi plus grand.

La justice avoit pendant long-tems regardé l'exposition des enfans comme un crime ; mais comme sa rigueur doit toujours être tempérée par la sagesse, et par la prudence, les magistrats reconnurent bientôt que leur sévérité à cet égard étoit sujette à de grands inconvéniens ; ils fermèrent en quelque sorte les yeux sur ce genre de crime, et il en résulta une augmentation considérable dans le nombre des Enfans Trouvés.

En effet, parmi ces malheureux enfans, les uns victimes du faux honneur de leur père et de leur mère, étoient sacrifiés à une honte juste à la vérité dans son origine, mais bien condamnable dans son effet. A peine ces enfans avoient ils reçu la vie qu'on leur donnoit la mort, ou parce que les pères et mères craignoient ces témoins innocens de leur mauvaise conduite, ou parce que l'état de leur fortune ne leur permettoit pas de les nourrir. Ceux-mêmes qui étoient nés d'un mariage légitime ne se trouvoient pas à l'abri de cette cruauté; le cri de la nature ne pouvoit l'emporter sur la misère et sur l'indigence; quelquefois aussi sur une prédilection coupable, dont les funestes effets frappoient des enfans qui, en naissant, n'avoient pas encore eu ni l'avantage de plaire, ni le malheur d'avoir déplu.

La condescendance de l'autorité sur l'abandon des enfans fut donc toute en leur faveur, puisque les pères et mères n'avoient plus de prétexte pour s'en défaire d'une manière inhumaine et cruelle (1).

Mais si la nature reprenoit ses droits, il falloit que l'État, qui devenoit le père de ces enfans, leur conservât la vie quand il les arrachoit à la mort. Des nourrices de la Normandie, de la Picardie et de la Bourgogne furent attirées dans l'Hopital, sous la conduite d'hommes probes et cautionnés que l'on nomma *Meneurs*.

Les enfans furent confiés à ces nourrices, qui les emmenoient pour les allaiter dans les campagnes.

Les réglemens organisèrent ce service, fixèrent le prix des mois de nourrice, le mode des paiemens et la délivrance des layettes.

Les enfans étoient inspectés par des sœurs de la charité.

Ces mêmes enfans étoient élevés dans les campagnes jusqu'à l'âge de six ans, et à cette époque beaucoup d'entr'eux étoient ramenés à Paris, où ils trouvoient dans une maison, faubourg Saint-Antoine, dépendante de l'Hopital, les premiers soins de l'éducation.

Arrivés à l'âge de dix à onze ans ils étoient mis en apprentissage, et lorsqu'ils avoient atteint 16 ans, ils recevoient, pour dernier secours, une somme d'argent qui les aidoit à commencer l'exercice de leur profession.

Cet ordre de choses a été suivi 153 années consécutives, pendant lesquelles il a été admis dans cet hopital 405,474 enfans trouvés.

Cependant il arriva une époque où les institutions les plus anciennes et les plus stables ne purent se garantir de l'influence des événemens politiques. La révolution s'opéra, et le

(1) Ce qui précède est extrait de mémoires sur l'Hopital des Enfans Trouvés, consignés dans les archives de cet établissement.

bien qu'elle sembloit faire présager, dégénéra bientôt en troubles, en dissensions ; le pauvre lui-même ne se trouva pas à l'abri des orages amoncelés par l'anarchie.

En 1793, le discrédit du papier monnoie, qui circuloit alors, découragea les nourrices de campagne, qui, ne trouvant plus dans leur salaire des moyens d'existence pour elles et les enfans dont elles penoient soin, cessèrent de venir à Paris, et tout-à-coup l'Hopital des Enfans Trouvés fut transformé en un tombeau, dans lequel ces malheureuses créatures entassées périssoient victimes du régime artificiel.

Le remède à ces maux étoit difficile à trouver : les mêmes événemens qui les occasionnoient, avoient éloigné ces administrateurs gratuits, dont le zèle, l'ancienne expérience, la surveillance paternelle eussent été si favorables dans une telle circonstance ; les administrations de ce temps, au contraire, se succédoient avec une telle rapidité qu'elles pouvoient à peine connoître la destination précise d'un hopital, premier devoir d'un administrateur.

M. B. HOMBRON (1), alors Greffier-Receveur-Économe de l'Hopital des Enfans Trouvés, attaché depuis plus de 38 ans au service de cet établissement, étoit le seul qui pût le sauver du naufrage ; et si, dans ces temps malheureux, il se trouvoit encore parmi les dépositaires de l'autorité publique des cœurs accessibles aux cris de l'humanité souffrante, il falloit au moins que l'idée du bien leur fut suggérée par un homme habitué à le pratiquer constamment.

M. HOMBRON, occupé sans cesse de l'établissement, réchauffa dans son esprit les idées de perfection qu'il méditoit depuis long-temps, et que les circonstances rendoient nécessaires. Accoutumé à réfléchir sur la répartition des secours dans les hopitaux, disposé cependant à respecter un ordre de choses consacré pour ainsi dire par la charité, et que plus d'un siècle avoit sanctionné, il se demandoit pourquoi l'on recevoit exclusivement dans une maison les enfans abandonnés presque tous nouveaux nés, tandis que l'on admettoit dans une autre des mères indigentes faisant fonction de nourrices; pourquoi l'Hôtel-Dieu, séjour des maladies de tous les genres, étoit aussi le refuge unique de ces mères indigentes, au moment de l'accouchement; et pourquoi, par suite d'une distribution de secours aussi vicieuse, on avoit pris l'habitude de considérer comme une chose simple et ordinaire d'écarter l'enfant de la mère, au moment de la naissance, pour le déposer dans un lieu où, réuni à une foule d'autres infortunés, les nourrices appelées de la campagne, pour suppléer aux mères naturelles de ces enfans, n'avoient jamais compensé, ni en nombre ni en qualités, soit physiques, soit morales, la perte qu'ils éprouvoient

(1) Après 50 ans de service, le Conseil Général d'Administration lui a accordé une retraite honorable dont il a joui pendant 5 ans. Il est décédé le 2 février 1808; M. Hucherard, son gendre, lui a succédé comme Agent de surveillance.

Ah! s'écrie M. Hombron, dans un manuscrit, fruit de ses méditations, et qu'il a laissé:
« Combien eût été plus grand le vertueux Vincent-de-Paule, si, en concevant et en réali-
« sant l'idée heureuse, bienfaisante, d'ouvrir un asile aux enfans trouvés, il lui fût aussi
« venu à la pensée de faire concourir les mères elles-mêmes au succès de son entreprise;
« si, au lieu de partir de l'idée d'un abandon irrévocable, et de ne s'occuper que des
« moyens d'en réparer le tort, il avoit fait tourner ses efforts, son zèle, sa pieuse influence,
« vers les mères qui abandonnoient ces enfans, ou à qui on les enlevoit, pour les engager à les
« reprendre, dût-on même les secourir pour les aider à remplir les devoirs de la Maternité!

M. Hombron donna donc de la publicité à son projet, et déjà il jouissoit à l'avance des résultats heureux que promettoit une institution fondée sur les principes de la nature; il présenta son plan, et, lorsque de toutes parts on voyoit l'œuvre de la destruction se consommer, l'Hopital des Enfans Trouvés sortit pour ainsi dire de ses ruines, pour présenter, sous la dénomination d'*Hospice de la Maternité*, à la France, à l'Europe entière, un établissement unique dans son espèce, et l'un des plus utiles à l'humanité. Les enfans abandonnés périssoient, et ils alloient incessamment, les uns conserver leurs mères, les autres trouver au moins sûr un sein étranger les secours que réclamoit leur chétive existence.

Le 7 ventose an II, la Convention Nationale rendit un décret portant que les bâtimens du couvent du Val-de-Grâce, qui avoient été destinés pour un hopital militaire, serviroient à l'établissement de l'Hospice de la Maternité, dont ce même décret consacroit l'institution.

Le bâtiment de l'Hopital des Enfans Trouvés, parvis Notre-Dame, trop peu considérable pour sa nouvelle destination, fut abandonné (1), et l'Hospice de la Maternité fut mis en activité au Val-de-Grâce le 25 messidor an 3.

Mais à peine avoit-il subsisté pendant trois mois dans cette maison, qu'un nouveau décret de la Convention Nationale, du 10 vendémiaire an IV, fit de la maison du Val-de-Grâce un hopital militaire pour la légion de police, et ordonna que l'Hospice de la Maternité seroit transféré dans les deux maisons de l'ancien couvent de Port-Royal faubourg Saint-Jacques, rue de la Bourbe, et de l'Institution de l'Oratoire, rue d'Enfer.

Il falloit que le déménagement fut prompt, et l'Hospice de la Maternité prit, le 25 vendémiaire an IV, possession de la maison de Port-Royal, où divers emplois de l'Hospice furent réunis.

Le 14 thermidor an IV, on commença à recevoir des femmes enceintes dans cette maison, pendant qu'on s'occupoit avec activité à faire, dans celle de l'Institution de l'Oratoire, les dispositions de bâtimens convenables.

---

(1) Cette maison est maintenant occupée par la Pharmacie centrale des Hospices et Hopitaux civils de Paris.

Le 19 frimaire an VI, les accouchemens qui s'étoient faits jusqu'alors partie à l'Hôtel-Dieu, et partie à la maison de Port-Royal, s'opérèrent en totalité à la maison de l'Institution.

Il eut été à désirer, sans doute, qu'on eût trouvé une autre maison semblable au Val-de-Grâce, propre à renfermer tous les élémens de l'établissement; mais Paris n'offroit plus en maisons religieuses, rien d'assez vaste pour que le développement des diverses parties du service de l'Hospice pût se faire convenablement.

Les attributions de chaque maison ont été divisées de la manière suivante :

Celle de Port-Royal, se nomme *section* d'*Allaitement.*

Celle de l'Institution de l'Oratoire, *section* d'*Accouchement.*

Les enfans abandonnés au dessous de l'âge de deux ans, sont reçus dans la maison d'allaitement. Ils sont confiés, ou à des nourrices de campagne qui viennent sous la conduite de *meneurs,* ainsi que cela avoit lieu dans l'Hôpital des Enfans Trouvés, pour emmener les enfans et les allaiter chez elles, ou à des nourrices sédentaires, qui, résidantes dans la maison, ont la faculté de nourrir leur propre enfant, sous la condition d'allaiter les enfans trouvés, foibles, qui ne pourroient supporter les fatigues de la route, ou de suppléer les nourrices de campagne, dans le cas où elles ne viendroient pas assez promptement, ou en nombre suffisant, pour emmener les enfans dans la même proportion qu'ils arrivent.

Les enfans abandonnés, une fois partis en nourrice, restent à la charge de l'Hospice, tant en santé qu'en maladie, jusqu'à l'âge de douze ans, après lequel ils passent sous la surveillance d'une autre partie de l'administration.

Une comptabilité est organisée pour le paiement des mois de nourrice.

Un approvisionnement de layettes et vêtures est toujours prêt pour ce service.

Des inspecteurs parcourent les campagnes pendant les trois quarts de l'année pour visiter ces enfans, et rendre compte de leur état à l'administration.

Voilà ce qui compose la section de l'allaitement de l'Hospice de la Maternité, tant sous le rapport intérieur que sous le rapport extérieur. La dépense relative à cette section est à la charge de l'État.

C'est ainsi que le premier établissement, fondé par SAINT-VINCENT-DE-PAULE, a reçu l'extension que la nature réclamoit et que les circonstances commandoient. Voilà comment une institution utile dans son principe se conserve et se perfectionne; aussi le nom de SAINT-VINCENT-DE-PAULE sera-t-il à jamais révéré dans cet établissement : son image se présente de toutes parts à la vue, son génie semble planer encore sur l'Hospice, qui a l'avantage de posséder la magnifique statue en marbre faite par le célèbre Stouf, et dont Louis XVI avoit ordonné l'exécution en 1789

Une belle médaille, à l'effigie de ce vertueux fondateur de l'Hôpital des Enfans Trouvés, a été gravée par M. Jeuffroy, et les surveillantes de chaque emploi de l'Hospice la portent en argent, suspendue à leur col, lorsqu'elles sont dans l'exercice de leurs fonctions (1).

On admet encore dans la section d'allaitement, mais seulement par défaut de localité dans celle d'accouchement, toute femme qui se présente étant enceinte de 8 mois révolus; et, avant ce terme, celles qui se trouvent dans un péril imminent d'accoucher.

Le but de l'institution étant de pourvoir à la conservation des enfans, et de prévenir le crime, toutes les femmes qui se présentent y sont accueillies; mais, du moment de leur admission, elles sont divisées en trois classes distinctes. 1°. Les femmes mariées que la détresse force à abandonner leurs foyers; 2°. les filles mères dont la contenance indique plutôt la séduction que le libertinage; 3°. enfin, les filles publiques qui sont généralement en très-petit nombre.

Ces femmes se livrent dans la maison à des travaux manuels. Lorsqu'elles sont saisies par les premières douleurs de l'enfantement, on les conduit à la maison d'accouchement.

C'est de cette maison qu'il va être parlé.

La femme en douleurs est à l'instant reçue par la sage-femme en chef; l'accouchement s'opère sous sa direction.

Le régime des femmes en couche est subordonné aux prescriptions de la sage-femme en chef et du médecin dont les visites sont régulières et assidues.

Le linge nécessaire à leur usage se donne à discrétion.

La résidence des femmes, dans cette maison, est communément de 12 jours, lorsqu'aucun accident étranger à la couche ne les force à y séjourner au-delà de ce terme.

Celles que des circonstances de famille ou autres obligent à se retirer avant le temps indiqué, sont conduites à leur domicile par une personne de l'Hospice.

Toutes ces femmes sont d'abord considérées, suivant l'esprit de l'établissement, comme devant prendre soin de leurs enfans, soit qu'elles les emportent avec elles, soit qu'elles les placent en nourrice à leurs frais, soit enfin qu'elles aient le désir de faire partie des nourrices sédentaires dont l'utilité a été démontrée plus haut.

Leur volonté sur le sort de leurs enfans doit se manifester dans les 24 heures, parce qu'elles ont dû déjà s'y préparer à l'avance; et quoiqu'on ait obtenu des succès très-marqués sur ce qui se pratiquoit à l'Hôtel-Dieu, lorsque les femmes y accouchoient, un grand nombre de ces femmes abandonnent encore leurs enfans, et ces derniers sont rangés dans la classe des enfans abandonnés qu'on apporte du dehors.

(1) Cette médaille frappée en argent et en bronze se vend, à l'Hospice.

La dépense de cette maison est à la charge du département, qui rembourse à la section d'allaitement un prix de journée pour la nourriture et l'entretien des femmes enceintes qui y sont admises.

Il s'y fait de 18 à 1900 accouchemens par an ; et aucun hôpital dans l'Europe ne présente un pareil résultat.

Dans un Gouvernement où l'on s'attache à faire tourner toutes les institutions au profit de la société, un établissement de ce genre ne pouvoit manquer de faire naître l'idée de fonder dans cette maison, une école pour former des femmes dans l'art des accouchemens.

Cette conception est d'autant plus heureuse qu'il n'existoit encore en France aucune école de ce genre; les campagnes se trouvoient livrées à l'impéritie de matrônes ignorantes, et, dans les villes de province, l'instruction se bornoit à une théorie imparfaite, et à une pratique pour ainsi dire nulle.

A Paris, à l'Hôtel-Dieu, on recevoit seulement de 6 à 8 élèves sage-femmes qui faisoient un cours pratique de trois mois.

Le Ministre de l'Intérieur (1), pénétré de cette insuffisance d'instruction, considérant les avantages qui devoient infailliblement résulter pour l'avenir d'une école dirigée par des professeurs distingués, et d'où il sortiroit un grand nombre de sage-femmes instruites, fonda en l'an 11, dans l'Hospice de la Maternité, une école théorique et pratique d'accouchement.

Les succès de cette école ont été toujours croissans depuis son origine.

Déjà 500 sage-femmes sont répandues dans les campagnes.

Les élèves sont admises ou à leurs frais, ou par le choix des Préfets, ou par celui des commissions administratives des hospices de leurs départemens respectifs, qui payent pour elles une pension déterminée.

Tout est prévu sous le rapport de l'instruction théorique et pratique, et de la police intérieure, pour que les élèves consacrent tous les instans du jour à leurs devoirs, pour que la subordination y soit maintenue, que les mœurs y soient garanties. Mais avant tout, le premier soin des professeurs et des chefs de l'Hospice est de faire considérer aux élèves que l'établissement est un hôpital avant d'être une école, et que c'est dans son sein qu'elles doivent puiser et pratiquer les leçons d'humanité qu'elles sont appelées à suivre dans les campagnes, plus particulièrement auprès de la femme pauvre et souffrante.

Tel est l'abrégé historique de l'Hospice de la Maternité, autrefois Hôpital des Enfans Trouvés.

---

(1) M. Chaptal.

MODE D'EXÉCUTION

Du Travail dans les diverses Parties Administratives du service de l'Hospice de la Maternité.

ADMINISTRATION GÉNÉRALE.

L'HOSPICE de la Maternité est compris, comme tous les autres hospices et hopitaux civils de la ville de Paris, dans les attributions du Conseil Général d'Administration composé de treize Membres (1), dont M. le Préfet du Département de la Seine est le Président né, et de la Commission administrative de ces établissemens.

ADMINISTRATION SPÉCIALE.

L'Administration Spéciale de l'Hospice de la Maternité divisé en deux sections, *Allaitement* et *Accouchement*, est confiée à un Membre de la Commission Administrative, sous la surveillance d'un Membre du Conseil Général.

MEMBRES DU CONSEIL GÉNÉRAL D'ADMINISTRATION.

MM. Frochot, Préfet du Département ; Dubois, Préfet de Police ; Bigot de Préameneu, Ministre des Cultes, Camet de la Bonardière, Maire du 11ᶜ. Arrondissement ; Daguesseau, Sénateur ; De Lessert, Régent de la Banque ; Mourgue, ancien Ministre ; Muraire, Premier Président de la Cour de Cassation ; Parmentier, Membre de l'Institut ; Pastoret, Membre de l'Institut ; Richard d'Aubigny, ancien Administrateur des Postes ; Seguier, Premier Président de la Cour d'Appel ; Thouret, Membre du Corps Législatif.

MEMBRES DE LA COMMISSION.

MM. Alhoy, Desportes, Duchanoy, Fesquet et Lemaignan.

ORGANISATION INTÉRIEURE ET EXTÉRIEURE
DE L'ÉTABLISSEMENT.

AGENCE.

Un Agent de surveillance, chargé de faire exécuter les réglemens et arrêtés de l'Administration et de surveiller toutes les parties du service de l'Etablissement (1).

ÉCONOMAT.

Un Econome, chargé de recevoir les approvisionnemens, de dresser les comptes en nature, de veiller à la conservation du mobilier de l'établissement, et de tenir des registres en recette et dépense de ces divers objets.

Deux Employés sont attachés au bureau de l'Econome, pour la confection des états de consommation, l'un pour ceux de la section d'allaitement, et l'autre pour ceux de la section d'accouchement.

BUREAUX DE L'AGENCE ET LEURS ATTRIBUTIONS.

BUREAU DE L'ÉTAT CIVIL ET DE LA RÉCEPTION.

Un Préposé à l'Etat civil et à la réception, auquel est adjoint un employé pour l'aider dans ses fonctions et expédier la correspondance de l'Agent.

Le Préposé à l'Etat civil doit, pour exercer ses fonctions, avoir prêté serment au Tribunal de Première instance.

Il dresse les actes de naissance et de décès des individus qui naissent ou décèdent dans l'établissement; il transmet chaque jour à la mairie de l'arrondissement des feuilles de naissances et de décès; ses actes sont transcrits sur les registres de l'État civil de la mairie, et signés par lui et par un autre Employé de l'Hospice.

Le Préposé à l'Etat civil comprend sur ces feuilles tous les enfans apportés à l'Hospice sans acte de naissance, ainsi que les enfans apportés sans renseignemens, et auxquels il donne des noms et prénoms.

Comme Préposé à la réception, il tient des registres particuliers pour chaque classe d'individus admis dans l'établissement; ces registres font mention des dates de l'entrée

---

(1) L'Agent de surveillance, l'Econome et le Préposé à l'Etat civil, sont nommés par le Préfet, sur la présentation du Conseil Général. Le Ministre de l'Intérieur ratifie la nomination.

et de la sortie de chacun. Tous les matins il fait passer à un Employé, qui est chargé du mouvement intérieur, les feuilles nominatives, et par classe, des individus reçus la veille. Il fait également passer au Bureau du Départ et des renseignemens tous les actes, papiers et bijoux trouvés sur les enfans apportés à l'Hospice le jour précédent.

Il dresse chaque jour le procès-verbal des enfans reçus, lequel est transmis au Préfet de Police.

Cet Employé est logé à la Maison d'*Allaitement*, il supplée l'Agent de surveillance en son absence.

BUREAU DU MOUVEMENT INTÉRIEUR.

Un Employé en chef.

Il est chargé de la rédaction des états journaliers du mouvement intérieur des deux sections de l'Hospice. Ces états sont transmis chaque jour à l'Administration et à l'Économe (1).

BUREAU DU DÉPART ET DES RENSEIGNEMENS.

Un Chef de Bureau.

Un Employé.

Ce Bureau est chargé ; 1°. de la tenue d'un registre matricule de tous les enfans abandonnés apportés à l'Hospice ; ce registre contient les noms, prénoms, âge de l'enfant, la date et le lieu de sa naissance ; la date de sa réception ; les noms, prénoms, domicile, commune, département, lieu de poste, où la nourrice réside ; la date du jour où il a été confié, le nom du meneur ; et si l'enfant meurt, la date de son décès à l'Hospice ou à la campagne, ou dans tout autre endroit.

2°. De l'expédition des bulles et feuillesde départ, qui se délivrent aux nourrices et aux meneurs.

3°. De la perception du droit de recherche exigé des parens qui viennent demander des nouvelles de leurs enfans.

4°. De la liquidation des sommes à payer pour frais d'entretien et d'éducation des enfans que les parens veulent retirer.

5°. De la correspondance avec les meneurs, pour le retour des enfans réclamés.

6°. Du dépôt général des actes, papiers et bijoux trouvés sur les enfans, lesquels actes,

(1) On verra à l'article mouvement intérieur, tous les élémens qui servent à le former.

papiers et bijoux sont enfermés dans des boîtes, pour être gardés et servir d'indication pour la reconnoissance des enfans.

7º. Du dépôt des bulles des enfans décédés à la campagne.

8º. Il est encore chargé de procurer , soit aux enfans élevés par l'Hospice, soit à leurs parens, soit aux autorités, tous les renseignemens relatifs à leur origine et à leur état civil ; enfin , de tous les travaux d'ordre relatifs à ces diverses attributions.

Ce Bureau est ouvert au public les mardi et vendredi de chaque semaine, depuis deux heures jusqu'à quatre.

BUREAU DE COMPTABILITÉ.

Un Chef.

Un Liquidateur.

Un Garçon de Caisse et de Bureau.

Ce Bureau est chargé ,

1º. Du réglement sur les bulles, du prix du voyage des nourrices et des meneurs, et des premiers mois de nourrice dont le montant s'acquitte à la caisse de l'Agent de surveillance, sur des bons du Chef de la Comptabilité.

2º. De la comptabilité en nature des étoffes, layettes et vêtures , et de l'expédition des bons de layettes et vêtures à délivrer aux meneurs par la surveillante du magasin.

3º. De la liquidation du salaire accordé aux nourrices sédentaires.

4º. De la liquidation, par trimestre , des sommes dues pour mois de nourrice , pension, mémoires de chirurgiens et autres dépenses relatives aux enfans placés à la campagne , et dont le montant est acquitté à la Caisse générale des Hospices, sur la production de bordereaux arrêtés par l'Agent de surveillance.

5º. De la comptabilité , en recette et dépense, des fonds mis à la disposition de l'Agent de surveillance pour frais de départ, salaire des nourrices sédentaires , des femmes enceintes occupées à l'ouvroir, et menues dépenses journalières de l'établissement.

6º. De la formation des états d'appointemens des employés et gens de service de l'établissement.

7º. De la correspondance avec les autorités locales et les meneurs, sur tout ce qui intéresse les enfans pendant leur résidence à la campagne.

8º. De dresser, par trimestre, les états d'indemnités, de blanchissage accordées aux élèves sage-femmes.

SERVICE DE SANTÉ.

Un Médecin en chef.

Un Chirurgien.

Un Chirurgien Accoucheur en chef.

Une Sage-femme en chef.

Deux Médecins honoraires (1).

Un Élève en médecine.

Un Pharmacien en chef.

SERVICE DU CULTE.

Un Chapelain.

Un Sacristain.

EMPLOIS DE LA SECTION D'ALLAITEMENT.

ORGANISATION DU SERVICE INTÉRIEUR.

CRÈCHE.

Une Surveillante.

INFIRMERIE DE LA CRÈCHE.

Une Surveillante.

Quarante berceuses sont réparties dans ces deux emplois pour soigner les enfans.

NOURRICES SÉDENTAIRES ET DE CAMPAGNE.

Une Surveillante.

Deux Filles de service.

---

(1) Médecin en chef, M. Chaussier ; Chirurgien , M. Auvity; Chirurgien Accoucheur en chef, M. Baudelocque ; Sage-femme en chef, Mme. Lachapelle ; deux Médecins honoraires , MM Andry et Hallé.

INFIRMERIE GÉNÉRALE.

Une Surveillante.
Une Fille de service.

MAGASIN GÉNÉRAL DES ÉTOFFES, LAYETTES ET VÊTURES.

Une Surveillante.
Deux Filles de magasin.
Une Coupeuse.

LINGERIE.

Une Surveillante.
Deux Filles de service.

CUISINE.

Une Surveillante,
Un Cuisinier.
Une Fille de service.

MAGASIN GÉNÉRAL DES VIVRES.

Un Garde-magasin-sommelier-panetier.
Deux Hommes de peine.
Un Homme de service chargé du soin des promenoirs.
Un Garçon de Pharmacie.
Un Portier. La portière chargée de recevoir les enfans apportés à l'Hospice et de les présenter au Bureau de réception.

EMPLOIS DE LA SECTION D'ACCOUCHEMENT.

DIRECTION DES ACCOUCHEMENS.

Une Sage-femme en chef.
Une Fille de service.

FEMMES ENCEINTES.

Une Surveillante.
Deux Filles de service.

OUVROIR.

Une Directrice des travaux.

LINGERIE.

Une Surveillante.
Une Fille de service.

FEMMES EN COUCHE.

Une Surveillante.
Treize Filles de service pour soigner les femmes en couche : sur ce nombre, trois sont uniquement chargées de les veiller la nuit.

ÉCOLE D'ACCOUCHEMENT.

La direction en est confiée à la Sage-femme en chef; et pour la seconder une surveillante est chargée particulièrement de la police des élèves sage-femmes.
Une Fille de service.

CUISINE.

Un Cuisinier en chef, Sommelier et Panetier.
Une Fille de cuisine.
Deux Hommes de peine.
Un Portier et sa femme.

UNIFORME DES SURVEILLANTES ET GENS DE SERVICE.

SURVEILLANTES.

Les surveillantes ont une robe de casimir noir, un bonnet blanc de linon, monté à double rang Elles portent à leur col la médaille en argent de SAINT-VINCENT-DE-PAULE, et ce n'est qu'ainsi vêtues qu'elles doivent paraître dans l'exercice de leurs fonctions.

FILLES DE SERVICE.

Elles ont l'hiver un habillement de drap de mouy brun, et l'été un déshabillé de siamoise rayé bleu et blanc. Leur coiffure consiste en un bonnet rond à double rang ; elles portent aussi la médaille de SAINT-VINCENT, mais en bronze.

PORTIERS.

Habit, veste et culotte de drap bleu ; collet et paremens rouges ; boutons blancs avec la légende *Hospices civils de Paris*.

ORGANISATION DU SERVICE EXTÉRIEUR.

INSPECTEURS.

Deux Inspecteurs, dont les fonctions sont de visiter les enfans placés à la campagne, de surveiller les meneurs et de conférer avec les autorités locales.

MENEURS.

Vingt-six meneurs sont attachés à l'établissement.

Les meneurs sont choisis parmi des gens de campagne, propriétaires ou cultivateurs ; ils sont chargés de recueillir des nourrices, de les amener à l'Hospice, de les surveiller dans les campagnes, de leur distribuer leur salaire, les layettes et vêtures ; de rapporter les actes de décès des enfans, leurs bulles, leurs vêtures, et d'instruire des changemens qu'ils auroient pu faire en replaçant un enfant entre les mains d'une autre nourrice.

Ils ne peuvent être admis à remplir cette commission sans avoir préalablement justifié à l'Administration, qu'ils savent lire, écrire et compter ; avoir obtenu un certificat du maire de leur commune, visé par le Sous-Préfet de leur arrondissement, qui atteste leur probité, avoir fourni bonne et valable caution, s'être pourvus d'une voiture à deux chevaux au moins, conforme au modèle prescrit.

Le cautionnement est de 3000 francs, pour ceux dont le maniement en argent ou effets n'excède pas annuellement 12000 francs. Ceux dont le maniement annuel est plus considérable, fournissent un cautionnement fixé, d'après un rapport particulier, par arrêté du Conseil-Général.

Pour parvenir à dresser l'acte de cautionnement, ils envoyent à l'Agent de surveillance l'état des biens qu'ils possèdent, soit de leur chef, soit de celui de leur femme, ou l'état des biens de leur caution, jusqu'à concurrence d'une valeur égale au cautionnement qu'on exige d'eux, l'un ou l'autre de ces états, certifié par le maire de la commune où les biens sont situés, un extrait de la matrice des rôles de contribution, signé du percepteur, et enfin un certificat du conservateur des hypothèques, qui fasse connoître s'il y a des inscriptions sur lesdits biens, ou de quelles sommes ils sont grevés; le tout légalisé par les Sous-Préfets des arrondissemens respectifs des meneurs ou de leur caution.

Ces différentes pièces sont transmises par l'Agent de surveillance au membre de la commission qui les fait passer au Receveur-général des Hospices; l'acte de cautionnement, dont les frais sont à la charge des meneurs, est dressé par le notaire de l'Administration.

Une expédition de cet acte est remise à l'Agent de surveillance, une autre au meneur, et la grosse reste entre les mains du receveur-général chargé de veiller à ce que toute inscription nécessaire soit prise sur les biens du meneur ou de ses cautions.

Ils doivent informer le receveur-général, dans le délai d'un mois au plus tard, du décès de leur caution; ils doivent aussi instruire le Maire de leur commune et le Sous-Préfet de leur nomination, et faire viser par l'un et l'autre l'acte qui les constitue *meneurs*.

Ils ne peuvent se faire remplacer que par leurs femmes, dans les voyages qui ont pour objet de venir chercher des enfans à l'Hospice.

S'ils veulent se faire représenter par une autre personne, ils doivent faire attester sa moralité par le Sous-Préfet de leur arrondissement, donner une commission par écrit à leur remplaçant, qui dans ce cas est admis à amener en leur nom des nourrices à l'Hospice sous le titre de *sous-meneur* ou de *sous-meneuse*.

Afin que la répartition d'enfans fut à-peu-près égale, et que les communes sur lesquelles les meneurs lèvent des nourrices, ne fussent pas trop éloignées de leur habitation, et qu'ils pussent conséquemment les surveiller avec plus de facilité en faisant des tournées, il a été dressé sur la carte générale un état pour chacun d'eux, des arrondissemens sur les communes desquels ils doivent exercer leur commission.

Un état de ces communes est remis à chacun des meneurs, ainsi qu'un extrait des réglemens pour ce qui les concerne, et le tableau qui fixe les jours qu'ils doivent amener des nourrices à l'Hospice.

CONDITIONS D'ADMISSION.

Après avoir décrit les attributions des bureaux, l'organisation des emplois et du service extérieur, on a cru devoir préalablement indiquer les conditions générales d'admission des diverses classes d'individus qui se présentent pour être reçus dans l'établissement.

ENFANS ABANDONNÉS.

Tout enfant au-dessous de deux ans, soit qu'on l'apporte de la ville, ou qu'il soit abandonné par sa mère accouchée à l'Hospice, est reçu sans aucune formalité.

NOURRICES SÉDENTAIRES ET LEURS ENFANS.

Elles sont admises dans le cas où elles viennent de la Maison d'Accouchement, sur le certificat du médecin de l'Hospice, constatant qu'elles sont aptes à allaiter deux enfans.

Dans le cas où elles viennent de la ville, elles sont admises sur l'attestation prouvée par l'acte de naissance de leur enfant, que leur lait est âgé de moins de *trois mois*, et sur le certificat du chirurgien de l'Hospice, qui constate également que la qualité et l'abondance de leur lait leur permet de nourrir un enfant de la maison avec le leur.

NOURRICES DE CAMPAGNE.

Les nourrices que les meneurs sont chargés de conduire, ne peuvent être reçues à l'Hospice, si elles ne sont porteuses d'un certificat timbré, délivré par le Maire ou Adjoint de leur commune, contenant leur signalement, leur âge, leurs nom et prénoms, ceux de leur mari; si elles ont ou non des enfans de l'Hospice, si leur enfant est sevré, s'il est vivant ou mort. Elles ne peuvent obtenir un second enfant que lorsque le premier qui leur a été confié est âgé de neuf mois révolus.

BERCEUSES ET FILLES DE SERVICE.

Elles sont au choix des surveillantes de chaque emploi; mais elles ne peuvent être reçues sans l'approbation de l'Agent de surveillance, auquel elles doivent justifier de certificats qui attestent leur bonne conduite.

FEMMES ENCEINTES.

Elles sont admises sur un bulletin, signé par la sage-femme en chef, constatant qu'elles sont grosses de huit mois révolus, ou menacées d'accoucher prématurément.

Celles qui ne se trouvent dans aucun des deux cas ci-dessus, et qui veulent être admises avant terme, ne sont reçues que sur une autorisation spéciale de l'Agent de surveillance.

ÉLÈVES SAGE-FEMMES.

Les élèves doivent savoir lire et écrire; elles doivent représenter les arrêtés des Préfets ou des commissions administratives des hospices de leurs départemens respectifs concernant leur nomination.

Celles qui se présentent pour suivre des cours d'accouchement à leurs frais, doivent justifier de leur moralité par un certificat du Maire de leur commune, et acquitter préalablement le prix de leur pension.

SECTION D'ALLAITEMENT.

SERVICE INTÉRIEUR.

ENFANS ABANDONNÉS.

De leur réception.

Les enfans sont déposés entre les mains de la portière, qui est chargée de les apporter au bureau de réception. Une couverture qu'elle conserve constamment chez elle, lui sert à les envelopper pour les garantir du froid.

Le dépôt des enfans présente diverses circonstances. Les uns sont accompagnés de leur acte de naissance; les autres ne le sont que de notes plus ou moins détaillées qui ne contiennent le plus souvent qu'un *prénom*; d'autres enfin sont apportés sans aucun renseignement.

Parmi les enfans reçus à l'Hospice, il en est quelques-uns qui, après avoir été confiés par leurs parens à des nourrices de la direction des nourrices bourgeoises, sont par elles ramenés à la direction, faute par les parens d'acquitter les mois de nourrice. Dans ce cas, la direction fait conduire ces enfans à la Préfecture de Police, où il est expédié l'ordre de les recevoir à la Maternité. La direction en donne avis aux parens, et pour leur faciliter les moyens de les retirer, le départ de ces enfans pour la campagne est différé de dix jours. Passé ce délai, les parens sont assujettis, à toutes les formalités prescrites par les réglemens de l'Hospice.

Il arrive quelquefois que des enfans au-dessus de deux ans sont exposés à la porte de l'Hospice, ces enfans y sont provisoirement accueillis; mais il est pourvu dans les vingt-quatre heures, à leur évacuation dans l'Hospice qui est destiné à les recevoir selon leur âge, et leur sexe.

Aussitôt qu'un enfant est présenté au bureau de réception, son sexe est d'abord constaté, s'il est porteur de son acte de naissance, et qu'il y ait erreur dans l'indication de son sexe, la rectification de l'acte est sur-le-champ réclamée près du Maire de l'arrondissement où l'enfant est né, par le Préposé à l'Etat civil.

Dans le même cas, si l'enfant n'a point d'acte de naissance, et si la note dont il est porteur, n'indique pas le lieu où il est né, le Préposé à l'Etat civil et à la réception constate l'erreur par un procès-verbal qui est ensuite consigné sur le registre de réception.

A l'égard des enfans apportés sans renseignemens, le Préposé à l'Etat civil leur donne des noms et prénoms, et a soin d'indiquer, sur le procès-verbal qu'il dresse, l'heure précise à laquelle ils ont été apportés, et les vêtemens dont ils étoient couverts.

Tous les enfans sont inscrits par ordre de numéros sur le registre de réception, avec l'indication de leurs vêtemens, des difformités apparentes qu'ils peuvent présenter, et de tous les renseignemens utiles à conserver comme moyens de reconnoissance.

Cette opération terminée, on attache à la tête de l'enfant, un parchemin contenant son numéro d'enregistrement, ses nom et prénoms, la date de sa naissance, et celle de son entrée à l'Hospice.

On lui attache pareillement à un des bras un bracelet de ruban de fil, sur lequel est cousue une bande de parchemin indiquant l'année de sa réception, et le même numéro d'enregistrement porté sur le parchemin attaché à sa tête. Par cette double précaution, on évite les inconvéniens qui pourroient résulter, si le parchemin attaché à la tête de l'enfant venoit à s'égarer lorsqu'on le change de maillot, et que les enfans sont en grand nombre.

Ce n'est que lorsque toutes ces formalités ont été remplies que les enfans sont transportés à la crèche.

Le Préposé à l'État civil et à la réception dresse ensuite, comme on l'a vu dans le détail des attributions de son bureau, un procès-verbal de tous les enfans apportés à l'Hospice. Ce procès-verbal est immédiatement transmis à M. le Préfet de Police.

Il fait, en outre, la déclaration à la municipalité de l'arrondissement, de tous les enfans reçus sans acte de naissance, ou sans renseignemens, et ces déclarations sont transcrites sur le registre de la mairie, en sorte qu'aucun enfant ne reste sans état civil.

DES ENFANS A LA CRÈCHE.

La Crèche est un local composé de plusieurs salles, dans lesquelles sont placés 112 berceaux uniformes, rangés sur plusieurs lignes, et couverts de linge blanc.

Chaque berceau est garni d'une paillasse, d'un petit matelas, d'un oreiller, d'un lange d'oreiller, d'un paillasson de paille d'avoine, d'une couverture simple en été, et d'une couverture piquée en hiver.

Dans la principale salle de la crèche, se trouve une cheminée de quatre pieds de haut sur six de large, au-devant de laquelle règne une barre de fer servant à étendre les vêtemens destinés au change des enfans.

Des poëles répandent dans les salles une chaleur douce, dont le dégré est toujours déterminé par les officiers de santé.

Des berceuses, en nombre suffisant, sont chargées, sous la direction de la surveillante de la crèche, des soins à donner aux enfans. La surveillante fixe chaque jour le nombre des berceuses qui seront de veille ; ce nombre est toujours subordonné à celui des enfans existans à la crèche.

En sortant du bureau de réception, les enfans sont portés par la portière à la crèche. Là, ils sont déshabillés, lavés, pesés, et ensuite revêtus de la layette de l'Hospice (1).

_____

(1) Il sera fait mention au chapitre Magasin des layettes, toiles et étoffes pour l'intérieur, de tout ce qui concerne les enfans et les adultes résidans dans l'établissement.

On a soin de tenir une note exacte de leur poids, qui ordinairement est le thermo-mètre de leur viabilité.

Après avoir été changés ils sont placés dans les berceaux, et toutes les fois qu'on leur donne à boire ils sont pris dans les bras; l'usage du biberon ou d'une bouteille à éponge est interdit.

Les enfans sevrés sont placés dans une salle particulière, dans laquelle veille sans cesse une berceuse.

Chaque matin, sous la conduite de la surveillante, les enfans arrivés la veille, sont portés, chacun par une berceuse, à l'église, à la chapelle des Fonts pour y recevoir le baptême. Le sacristain sert constamment de parrain, et les berceuses de marraines.

Jusqu'au moment du baptême, le parchemin qui leur a été attaché à la tête, au bureau de réception, est placé dans un sachet pendu à leur col, pour distinguer ceux qui n'ont point été baptisés. Immédiatement après cette cérémonie, le parchemin est replacé sur la tête de l'enfant.

Tous les matins aussi, les enfans reçus la veille sont soumis à la visite du chirurgien. Les malades sont envoyés à l'infirmerie de la crèche, les bien portans sont désignés pour être remis aux nourrices de campagne, et ceux qui sont trop foibles pour supporter les fatigues du voyage sont confiés à des nourrices sédentaires.

Les enfans attaqués de la maladie vénérienne sont envoyés à l'hopital des vénériens, où ils sont confiés à des nourrices attaquées du même mal. Les remèdes opérant successive-ment sur la nourrice, et régénérant son lait, l'enfant qu'elle allaite obtient sa guérison, et il est ensuite renvoyé à l'Hospice.

Les enfans sevrés sont successivement envoyés à l'hospice de la vaccination, pour entre-tenir le virus vaccin que cet hospice répand dans tous les départemens.

Le peu de temps que les enfans séjournent à l'Hospice ne permet pas de les vacciner tous avant leur départ; mais on a soin de recommander aux chirurgiens qui les soignent à la campagne de les vacciner.

Les enfans ne sont reçus à l'infirmerie de la crèche, et à l'emploi des nourrices séden-taires, que sur des bulletins signés par le chirurgien, indiquant le numéro d'enregistrement de chaque enfant.

Le chirurgien indique également sur un bulletin les enfans bons à être confiés aux nour-rices de campagne.

A l'égard de ceux qui sont attaqués de la maladie vénérienne, ou d'autres maladies qui ne sont point traitées à l'Hospice, le chirurgien dresse un certificat de l'état de l'enfant; ce certificat est ensuite envoyé au bureau de réception pour y ajouter l'extrait de l'enregistre-ment de l'enfant, lequel extrait est certifié par l'Agent de surveillance.

Il est expressément défendu aux surveillantes de l'infirmerie de la crèche, et des nour-rices sédentaires, de recevoir dans leurs emplois respectifs aucun enfant, s'il n'est accompagné du bulletin du chirurgien ; de même la surveillante de la crèche ne peut reprendre de ces deux emplois aucun enfant sans un bulletin du chirurgien, qui en autorise la réintégration dans son emploi.

La surveillante de la crèche a soin de faire mettre en paquet les vêtemens de chaque enfant qui arrive, et d'y faire apposer leur numéro d'enregistrement. Ces paquets sont chaque jour versés au magasin général des layettes.

RÉGIME DES ENFANS A LA CRÈCHE.

Enfans au-dessous de 6 mois.

Une panade de 5 Décagrammes de pain.

5 Décagrammes de vermicelle.

1 Demi-Litre de lait.

4 Décagrammes de sucre (1).

Enfans au-dessus de 6 mois.

Deux panades de 10 Décagrammes de pain.

5 Décagrammes de vermicelle.

1 Demi-litre de lait.

4 Décagrammes de sucre.

Enfans sevrés

28 Décagrammes de pain.

18 Décagrammes de viande.

1 Demi-Litre de lait.

INFIRMERIE DE LA CRÈCHE.

Cette infirmerie est vaste, elle est meublée de 50 berceaux garnis de rideaux à pavillon, et placés à une distance de quatre pieds les uns des autres.

La salle est échauffée de la même manière que celles de la crèche.

Des berceuses sont également attachées à cet emploi, et dirigées par la surveillante.

Les enfans y sont reçus, ainsi qu'il a été dit, sur un bulletin de chirurgien.

Il est tenu par la surveillante un registre sur lequel sont inscrits les noms des enfans malades, ainsi que les prescriptions du médecin ou du chirurgien.

La surveillante veille avec soin à ce que les prescriptions soient exactement suivies, et s'appliquent aux enfans pour lesquels elles ont été faites. Les enfans qui exigent des soins assidus, sont particulièrement confiés aux berceuses qui montrent le plus d'intelligence.

---

(1) On verra à l'article Service de Santé de quelle manière le sucre, dont l'emploi est devenu trop cher, a été remplacé.

L'élève en médecine est tenu de se transporter tous les matins dans les divers emplois où les enfans sont placés, pour constater les décès.

Cette formalité remplie, chaque surveillante fait passer à celle de l'infirmerie de la crèche les parchemins et bracelets des décédés; et cette dernière, après en avoir pris note, les fait passer au Préposé à l'État civil, chargé d'en faire la déclaration à la mairie de l'arrondissement.

Le régime des enfans au-dessous et au-dessus de six mois, est le même que celui des enfans à la crèche, sauf les modifications ordonnées par le médecin ou le chirurgien.

NOURRICES SÉDENTAIRES.

De leur réception, et de la durée de leur séjour à l'Hospice.

Les nourrices sédentaires, munies de certificats des officiers de santé, ainsi qu'il a été dit au chapitre des conditions d'admission, se présentent au bureau de réception, où elles sont enregistrées, ainsi que leurs enfans, sur un registre particulier; un double bulletin de leur enregistrement leur est délivré, elles en remettent un à la surveillante, et gardent l'autre pour le représenter lors des recensemens.

Le séjour de ces nourrices dans l'établissement, ne peut être prolongé au-delà de 15 mois.

Local occupé par les Nourrices Sédentaires.

Les nourrices sédentaires occupent deux dortoirs, l'un au premier et l'autre au second étage du corps de bâtiment exposé au midi; ces dortoirs sont partagés en deux par un corridor qui règne dans toute la longueur, et divisés chacun en vingt-sept petites cellules. Chaque cellule est meublée d'un lit et de deux berceaux, au centre et à l'extrémité de chaque corridor sont placés des poëles qui répandent une chaleur suffisante.

Utilité des Nourrices Sédentaires.

Ces nourrices sont chargées d'allaiter les enfans foibles, jusqu'à ce qu'ils soient en état d'être placés à la campagne.

Non seulement ces nourrices offrent la ressource de disposer les enfans chétifs, à supporter les fatigues du voyage, mais encore d'en sauver un grand nombre d'autres qui seroient exposés à périr, lorsque la rigueur de la saison retarde l'arrivée des nourrices de campagne. Leur utilité a été encore plus particulièrement reconnue à l'époque du discrédit du papier monnoie. Pendant les trois mois que l'établissement a subsisté au Val-de-Grâce, le nombre des nourrices sédentaires a été de 95 à 100.

Lorsqu'on prit possession de la maison de Port-Royal, rue de la Bourbe, l'emploi des nourrices sédentaires a été divisé en deux, et pendant l'an 4 il a été entretenu environ 155 nourrices.

Le nombre de lits dans ces deux emplois a été augmenté; l'un a été de 125 lits, l'autre de 135, et de l'an 5 à l'an 10, tous ces lits ont été constamment occupés; ce qui a porté, pendant cet espace de temps, le nombre des nourrices sédentaires à 250.

En l'an 11, le nombre des nourrices de campagne étant devenu plus considérable, celui des nourrices sédentaires a été diminué et réduit à la proportion indiquée par le besoin du service.

Voici le tableau de ce qui en a été reçu chaque année, successivement, à partir de l'an 11.

An 11	71.
12	73.
13	97.
14, 3 mois 10 jours⎫	
1806 . . . . ⎬	104.
1807	44.

Salaire et Habillement des Nourrices Sédentaires.

Les nourrices sédentaires reçoivent de l'Hospice un habillement complet d'été, et un d'hiver, de même étoffe que ceux des berceuses et filles de service.

Leur salaire est de 35 centimes par jour, pour la nourriture de l'enfant de l'Hospice; il leur est, en outre, accordé une gratification de 3 francs, lorsqu'elles sortent, et qu'on a été satisfait de leurs soins envers les enfans, et de leur conduite.

On observe que ces nourrices ne reçoivent aucun salaire lorsqu'elles n'allaitent pas d'enfans abandonnés; ce qui arrive toutes les fois qu'il se présente assez de nourrices de campagne pour tous les enfans apportés à l'Hospice, et que ces derniers sont tous en état de supporter les fatigues de la route.

La nourrice qui n'a point d'enfant à elle, allaite deux enfans de l'Hospice, et reçoit un double salaire.

Toute nourrice qui a disposé un enfant abandonné à partir pour la campagne, a droit à un repos de vingt-quatre heures, pendant lequel elle continue de jouir du même traitement en argent et en nature; après ce délai, il lui est confié un autre enfant.

Régime des Nourrices Sédentaires et Réfectoire.

Nourrices à un Enfant.

96 Décagrammes de pain.
75 Décagrammes de viande.
 1 Décilitre de légumes secs.
 1 Soupe maigre.
 1 Quart de litre de vin.

Nourrices à deux Enfans.

Même nourriture ; plus un quart de litre de vin , et pour le goûter , 9 décagrammes de fromage ou pruneaux , ou 6 décagrammes de raisiné.

Le régime des enfans est le même que celui indiqué pour ceux qui sont à la crêche.

Les nourrices mangent toutes en réfectoire ; elles s'y rendent par moitié, l'autre moitié reste dans les dortoirs pour garder les enfans.

Surveillance de Santé.

La surveillante, toujours attentive à la santé des nourrices et des enfans, veille avec soin à ce que, dès la plus légère incommodité qu'ils peuvent éprouver, ils soient présentés chaque matin à la visite du médecin ou chirurgien.

Police exercée à l'égard des Nourrices Sédentaires.

Une surveillance active est exercée sur les nourrices sédentaires, tant sous le rapport de la propreté, que sous celui des soins qu'elles pourroient donner à leur enfant au préjudice de ceux de l'Hospice. Les nourrices qui ne remplissent pas leurs devoirs, sont exclues de l'établissement.

Ces nourrices ont la permission de sortir une fois par mois, mais avec leur enfant seulement ; le temps qui leur est accordé est calculé de façon que l'enfant abandonné qu'elles allaitent ne souffre pas de leur absence.

Les nourrices ont la faculté d'aller au parloir les lundi et jeudi de chaque semaine, depuis deux heures jusqu'à quatre.

Cet emploi de nourrices sédentaires a toujours inspiré l'intérêt le plus vif, et l'on a remarqué, en général, que les étrangers qui visitent l'établissement admirent en particulier cette institution. Les dames, sur-tout, ne peuvent, sans une véritable émotion, jouir du tableau touchant que présente à l'œil, dans un long corridor, des nourrices toutes gaies et bien portantes, qui, souvent assises à la porte de leurs cellules, bercent ou allaitent chacune deux enfans ; et, telle est, on ose le dire, l'activité de la surveillance, sous le rapport de la bonne santé, que l'on ne peut distinguer l'enfant abandonné, de celui de la nourrice.

MÉMOIRE SUR L'HOSPICE

SERVICE EXTÉRIEUR.

DE L'ARRIVÉE ET DE LA RÉCEPTION DES NOURRICES DE CAMPAGNE.

Les meneurs attachés à l'Hospice, arrivent à des jours fixes; ils ne peuvent amener au-delà de vingt nourrices.

Les nourrices, sous la conduite d'un meneur ou sous-meneur qui le représente, viennent à leur arrivée au bureau de réception; elles y déposent les certificats d'allaitement qui leur ont été délivrés par les Maires ou Adjoints de leurs communes respectives.

Le Préposé à la réception examine ces certificats, sous le rapport de leur authenticité, relativement à la manière dont ils sont remplis, et à l'exactitude des signatures; ensuite, prenant le contrôle du meneur auquel les nourrices appartiennent, (contrôle dont il sera parlé à l'article *Mouvement intérieur*), il vérifie si la nourrice dont le nom est porté sur le certificat a déjà eu un enfant de l'Hospice. Dans ce cas, si l'enfant a moins de neuf mois, la nourrice n'est point reçue; si l'enfant est décédé, la nourrice est admise en justifiant du décès, par le certificat de mort porté sur la bulle qu'elle représente, ou qui a été précédemment renvoyée par le meneur au bureau de comptabilité.

Cette vérification faite, les nourrices rejetées sont renvoyées sur-le-champ; celles qui ont été admises sont enregistrées par ordre de numéros; ensuite chaque nourrice, prise indistinctement, est interpellée de décliner son nom pour s'assurer de nouveau, par la manière dont elle répond, si le nom porté sur le certificat qu'elle a produit est bien le sien; lorsqu'on découvre qu'elle s'est présentée avec le certificat d'une autre, elle est renvoyée.

Le Préposé à la réception remet au meneur des bons autorisant la délivrance de vivres pour le nombre de nourrices reçues; le meneur ou sous-meneur y est compris, s'il a six nourrices et au-dessus; s'il en a moins de six, il reçoit seulement une indemnité de vivres, qui est de 20 centimes par tête de nourrice.

Local occupé par les gens de campagne.

Les dortoirs des nourrices de campagne, sont placés sous la surveillance de la personne à laquelle est confié l'emploi des nourrices sédentaires.

Ces dortoirs contiennent 120 lits.

Les meneurs et sous-meneurs sont placés dans un local particulier.

Visite du Lait.

Le lendemain de leur arrivée, les nourrices passent à la visite du chirurgien, qui constate au dos de leur certificat la qualité de leur lait; celles qui sont reconnues incapables d'allaiter un enfant, soit pour cause de défaut de lait, soit pour cause d'infirmités, sont rejetées.

Durée du séjour.

La durée du séjour des nourrices de campagne à l'Hospice est de deux journées, pendant lesquelles elles reçoivent quatre repas ; néanmoins, lorsque le petit nombre d'enfans à la crèche ne permet pas de faire leur départ, elles sont nourries en extraordinaire au-delà de ce temps.

RÉGIME ET RÉFECTOIRE.

Régime des Meneurs ou Sous-Meneurs et des Nourrices de campagne.

MENEURS OU SOUS--MENEURS.

96 Décagrammes de pain.
62 Décagrammes de viande.
2 Décilitres de légumes secs pour les jours gras.
Trois-Quarts de litre de vin.

NOURRICES.

A déjeûner   1 Soupe maigre.
A dîner. . .   1 Soupe grasse.
       72 Décagrammes de pain.
      86 Décagrammes de viande.
      1 Demi-Litre de vin.

Les nourrices mangent ensemble dans un réfectoire particulier.

De la Police des Nourrices de campagne.

La surveillance la plus sévère est exercée à leur égard, sur-tout sous le rapport de la propreté.

Les nourrices, une fois entrées dans l'Hospice, ne peuvent aller en ville que lorsqu'elles n'ont point d'enfant, et sur un laissez-passer de la surveillante ; elles ne sortent que sous la conduite d'un sous-meneur.

Les meneurs sont responsables des dégâts qu'elles pourroient occasionner dans l'établissement.

De la remise des enfans aux Nourrices de campagne , et de leur départ de l'Hospice.

Les enfans qui doivent partir pour la campagne, sont ou à la crèche, ou entre les mains des nourrices sédentaires.

Les nourrices de campagne sont en conséquence réparties selon les besoins, entre ces deux emplois. Elles remettent leur certificat d'allaitement aux surveillantes ; celles-ci leur

5

donnent des enfans, et ont soin d'attacher à chaque certificat le parchemin de l'enfant qu'elles confient à la nourrice ; elles placent aussi, provisoirement, sur la tête de l'enfant, en remplacement du parchemin, un papier indicatif de son numéro d'enregistrement.

Les enfans sevrés sont confiés aux meneurs pour être placés à la campagne.

Lorsque les nourrices d'un meneur ont toutes des enfans, les certificats de ces nourrices auxquels sont attachés, comme on vient de le dire, les parchemins des enfans qui leur ont été confiés, sont envoyés au bureau du départ.

On vérifie à ce bureau, si les noms portés sur les parchemins sont conformes à ceux inscrits sur le registre matricule ; et, après s'être assuré de cette conformité, on inscrit sur chaque certificat le numéro, les nom et prénoms de l'enfant confié à la nourrice qui y est dénommée, et l'on procède ensuite à l'expédition des bulles et feuilles de départ, et le parchemin est détaché du certificat d'allaitement, pour être annexé à la bulle.

Chaque nourrice reçoit une bulle, en tête de laquelle est inscrit le nom du meneur ; elle la conserve tout le temps qu'elle est chargée de l'enfant de l'Hospice.

Pour faire connoître plus particulièrement les détails que cette bulle contient, et son utilité, on va en présenter ici le modèle, et indiquer l'usage des différentes cases dont elle est composée.

Renvois du Tableau de la page suivante.

(1) Nom du meneur.

(2) Sexe de l'enfant, et date du jour qu'il a été remis à la nourrice.

(3) Nom et prénoms de l'enfant, son âge, son Numéro d'enregistrement et la date de sa réception.

(4) Décompte de ce qui revient au meneur et à la nourrice au moment du départ, suivant le tarif ci-après.

(5) Les vêtures sont délivrées aux meneurs qui en font la remise aux nourrices : en conséquence ils font mention sur la bulle, de chaque vêture qu'ils remettent à la nourrice.

(6) Age du lait de la nourrice.

(7) Noms de la nourrice ; ceux de son mari, et leur domicile.

(8) Lorsque l'enfant est changé de nourrice, cette case et les suivantes servent à indiquer le nom de la nouvelle nourrice.

(9) Lorsque l'enfant décède entre les mains de la nourrice, elle présente sa bulle au Maire de la commune qui remplit le certificat.

MODELE DE BULLE.

(1) Meneur de nourrices dudit Hospice.

Enfant du sexe (2) confié le 180	Première nourrice. { Age du lait. (6)
(3) né le reçu le numéro registre âgé de le jour de son départ.	(7) Femme de de la commune de département de poste de
Somme payée Le jour du départ. { Droit du meneur. (4) Voyage de la nourrice. Premier mois. Prime à la nourrice.	(8) Changement de Nourrice.
(5) Dates de la livraison des vêtures par l'Hospice et de leur remise entre les mains des nourrices	Certificat de Mort. (9)
1re. Vêture remise à la nourrice le	Je soussigné, Maire de la commune
2e. Vêture remise à la nourrice le	de département de poste de certifie
3e. Vêture remise à la nourrice le	que élève de l'Hospice de la Maternité, est mort entre
4e. Vêture remise à la nourrice le	les mains de
5e. Vêture remise à la nourrice le	le an
6e. Vêture remise à la nourrice le	Ce an

Les bulles expédiées, on dresse une feuille de départ pour être remise au meneur ; elle contient les noms des enfans, leurs numéros d'enregistrement, les noms des nourrices auxquelles ils sont confiés, et leur domicile. Il est fait mention, sur le registre matricule, des enfans mis en nourrice, et ensuite les bulles passent au bureau de la Comptabilité de l'Hospice, pour établir le décompte des sommes à payer d'après le tarif qui suit, et dresser le bordereau des maillots et vêtures à délivrer pour les enfans partans.

[*Voyez*, pour les renvois, la page ci-contre.]

TARIF d'après lequel le décompte des frais de voyage est fait sur les Bulles délivrées aux Nourrices pour chaque Enfant qui part pour la campagne.

DISTANCES en MYRIAMÈTRES.	Droit du Meneur pour le transport des Enfans à lait ou sevrés.	Indemnité de vivres par tête de Nourrice.	Frais de voyage de la Nourrice.	Prime d'un tiers en sus du prix du voyage de la Nourrice, laquelle prime s'accorde seulement pendant les mois d'août, septembre, octobre, novembre, décembre, et janvier.	Premier mois de nourrice payable d'avance pour les enfans ayant moins d'un an.
	fr.		fr.	fr. c. (2)	fr. (3)
En-deçà de 5 myriam.	— 3 —		— 3 —	— 1 » —	— 7 —
de 6 à 8 ———	— 4 —		— 4 —	— 1 33 —	— 7 —
de 8 à 12 ———	— 5 —	(¹) fr. c.	— 5 —	— 1 67 —	— 7 —
de 12 à 17 ———	— 6 —	» 20	— 6 —	— 2 » —	— 7 —
de 17 à 22 ———	— 7 —		— 7 —	— 2 33 —	— 7 —
de 22 à 27 ———	— 8 —		— 8 —	— 2 67 —	— 7 —
de 27 à 32 ———	— 9 —		— 9 —	— 3 » —	— 7 —

OBSERVATIONS.

(1) Cette indemnité, ainsi qu'on l'a vu au chapitre de la réception, n'a lieu que lorsque le meneur a moins de six nourrices, lorsqu'il a plus de six nourrices, et qu'il est accompagné de quelqu'un pour le seconder, l'un reçoit la nourriture, et l'autre l'indemnité.

(2) Cette prime a pour objet d'encourager les nourrices et d'éviter autant que possible une interruption dans leur arrivée pendant la moisson et les mois d'hiver.

(3) Le premier mois ne se paye pas d'avance pour l'enfant sevré; on ne paye pour lui au meneur que le droit de voyage.

Toutes les bulles étant réglées d'après ce tarif, le chef de la comptabilité délivre au meneur un bon payable à la caisse de l'Agent de surveillance, de la somme totale des frais de départ, tant pour ce qui lui revient personnellement que pour ce qui revient à ses nourrices.

DÉLIVRANCE

DES LAYETTES.

TABLEAU de la composition des Layettes, Demi-Maillots et Vêtures.

Layette pour les Enfans à lait. — Objets dont elle est composée.	Ire. Vêture et Demi-Maillot pour les enfans sevrés lorsqu'ils sont dans leur 1re. année. — Ire. Vêture.	Demi-Maillot.	2e. Vêture et Demi-Maillot pour les enfans au-dessus de 18 mois. — 2e. Vêture.	Demi-Maillot.	3e. et 4e. Vêtures pour les enfans de 3 et 4 ans.	5e. et 6e. Vêtures pour les enfans de 5 et 6 ans.
Béguins... 5	bas de laine 2	Béguin.... 1	Bas de laine 2	Béguin... 1	Bas de laine 2	Bas de laine 2
Bonnets d'indienne. 2	Béguins... 4	Bonnet de laine..... 1	Béguins... 3	Bonnet de laine .. 1	Béguins... 2	Bonnets d'indienne 2
Bonnet de Laine..... 1	Bonnets d'indienne 2	Brassière de laine... 1	Bonnets d'indienne 2	Brassière de laine.. 1	Bonnets d'indienne 2	Chemises de vêture 2
Brassières de laine... 2	Chemises de vêture. 4	Chemise en brassier 1	Chemises de vêture. 2	Chemise en brassière 1	Chemises de vêture... 2	Chemisette 1
Couches... 6	Chemisette 1	Couches.. 4	Fichus de garat..... 2	Couches .. 4	Fichus de garat..... 2	Fichus de garat...... 2
Couverture 1	Couches.. 2	Couverture 1	Jupon.... 1	Couverture 1	Jupon..... 1	Robe..... 1
Fichus de toile 5	Fichus de garat..... 4	Fichu de toile..... 1	Robe..... 1	Fichu de toile...... 1	Robe..... 1	
Langes de laine..... 2	Langes de laine..... 2	Langes de laine..... 2		Langes de laine..... 2		
Langes piqués.... 2	Robe..... 1	Langes, piqués.... 2		Langes piqués.... 2		
Chemises en brassière 5						

Il est donné, pour chaque enfant nouvellement né, partant pour la campagne, une layette, et pour chaque enfant sevré une vêture et demi-maillot, selon son âge (1).

Ces objets sont délivrés au meneur par la surveillante des magasins, sur un bon du chef de la comptabilité.

Le bureau de comptabilité, après avoir fait ses enregistremens, tant pour les frais de départ que pour les layettes, sur le registre destiné à ces objets, les bulles sont envoyées à la surveillante des nourrices de campagne.

La surveillante de cet emploi, remet ces bulles aux nourrices sur un appel nominal, et elle vérifie en même temps : 1°. Si le numéro porté sur la bulle, est conforme à celui porté sur le bracelet attaché au bras de l'enfant; 2°. si le nom porté sur la bulle, est conforme à celui inscrit sur le parchemin qui a été attaché à la tête de l'enfant, à l'instant de sa réception. Ainsi l'on voit que toutes les précautions sont prises pour éviter toute espèce d'erreur.

Cette vérification faite, on remet au meneur, sa feuille de départ, signée par l'Agent de surveillance; et il dispose sa voiture de manière à ce que les enfans y soient placés convenablement.

Pendant que le meneur fait ses dispositions de départ, les enfans confiés aux nourrices sont portés par elles à la crêche, et là ils sont revêtus d'objets faisant partie de la layette, qui a été délivrée aux meneurs, afin que la surveillante de la crêche, puisse reprendre les vêtemens qui appartiennent à l'emploi.

Pain de Départ.

Au moment du départ on délivre à chaque nourrice 192 décagrammes de pain, dit *pain de départ*, et 9 décagrammes pour chaque sevré.

Les meneurs ne sortent jamais de l'Hospice que leurs voitures n'aient été visitées, pour s'assurer si tout est conforme aux réglemens.

Il leur est expressément défendu de se charger, hors de l'Hospice, d'aucuns ballots, paquets, ni marchandises.

Les meneurs ont des auberges sur les routes, où ils s'arrêtent habituellement, soit pour prendre les repas, soit pour le coucher; ils veillent à ce que les nourrices, lorsqu'elles sont arrivées dans ces auberges, s'occupent essentiellement de leurs enfans.

Au moment de leur arrivée, dans le lieu principal où ils déchargent les nourrices, les meneurs sont tenus de représenter au Maire, ou à tous autres officiers publics le remplaçant, leurs feuilles de départ, pour y faire constater l'état des enfans. Dans le cas où, quelqu'enfant auroit été blessé, ou seroit mort en route, il est pris des informations sur la cause des blessures, ou sur celle de la mort; et on retient à ces meneurs, les sommes qui auroient été payées pour frais de transport des enfans morts en route.

_____

(1) On trouvera, à l'article Magasin des Layettes, le mode de leur approvisionnement, ce qu'elles employent d'étoffe, et leur prix.

NOURRICES DIVERSES.

Indépendamment des nourrices dont on vient de parler, il en est d'autres, qui ne sont attachées à aucun meneur ; ce sont des femmes qui habitent la banlieue de la ville de Paris, et qui désirent allaiter des enfans de l'Hospice ; il leur en est confié sur la production d'un certificat du Maire de leur commune, constatant leur moralité, et l'intention où elles sont de faire une nourriture.

Ces nourrices ne séjournent point à l'Hospice, et n'y reçoivent aucun aliment ; il ne leur est accordé que le mois qui se paye d'avance. Une bulle leur est également délivrée.

Elles sont tenues, chaque trimestre, de rapporter des certificats de vie des enfans qui leur ont été confiés, et en outre de représenter ces enfans à toute réquisition.

Les mois de nourrice dus à ces femmes sont liquidés *par trimestre*, sur le dépôt qu'elles font de ces certificats ; l'Agent de surveillance en acquitte le montant sur sa caisse.

ENFANS CONFIÉS A DES PARTICULIERS.

Il arrive assez souvent que des personnes aisées se présentent pour obtenir des enfans de l'Hospice, afin de les élever, et de leur assurer une existence.

En général, l'Administration est toujours en garde contre ceux qui font de telles offres. L'intérêt, chez l'homme, marche avant le désintéressement, et l'on peut craindre qu'un malheureux enfant abandonné, devienne plutôt l'instrument de la cupidité, que l'objet de la pitié d'un cœur compatissant ; que, substitué à un enfant légitime, qui seroit mort, cette pauvre créature ne serve à l'envahissement d'une succession, pour retomber dans une condition inférieure, après avoir servi à dépouiller une famille des droits qui lui étoient acquis.

Ce n'est donc que très-rarement que des enfans sortent de l'Hospice, pour passer entre les mains de personnes qui veulent s'en charger gratuitement.

Si les personnes qui se présentent, sont unies par le mariage, elles sont tenues de produire : 1°. un acte par-devant notaire, exprimant le consentement mutuel des époux, de prendre un enfant de l'Hospice, de l'élever, et d'assurer son existence ; 2°. une attestation du Maire de leur commune, constatant leur moralité, et que leurs moyens d'existence leur permettent de se charger d'un enfant de l'Hospice.

Lorsque ces formalités ont été remplies, l'Administration se détermine à confier un enfant, lequel est, ainsi que tous ceux placés en nourrice, accompagné d'une bulle. Les personnes qui s'en chargent, sont assujetties à justifier tous les trois mois de l'existence de l'enfant, et à le représenter à toute réquisition de l'Administration, de l'Agent de surveillance, ou des Inspecteurs chargés de le visiter.

Si l'Administration se rend, comme on vient de le voir, difficile pour confier les enfans abandonnés, à des particuliers ; quand une fois, elle s'y est déterminée, sa protection est sans borne à l'égard de ceux qui en sont chargés.

L'établissement offre divers exemples des soins touchans que reçoivent plusieurs de ces enfans, et de l'appui que leurs parens adoptifs trouvent auprès de l'Administration.

Un seul exemple, dont les circonstances ne sont pas sans intérêt, donnera la preuve de ce qu'on avance.

Un honnête artisan, laborieux, bon mari, connu par ses mœurs, choisit pour l'élever un enfant de l'Hospice, qui y avoit été déposé à l'âge de deux ans. Il est à peine confié à son épouse, que cet enfant reçoit les soins les plus tendres; six mois se passent sans que ces braves gens éprouvent le moindre trouble dans une jouissance si pure; cet enfant étoit devenu le leur, et ils se livroient à cet égard à la plus douce illusion de la nature.

Un jour, un particulier se présente pour louer une chambre vacante sur leur pallier; il s'arrange du prix, et le soir même il en prend possession; un mauvais lit formoit tout son mobilier.

Le lendemain, l'épouse de l'artisan descendoit son enfant dans ses bras, lorsque ce particulier descendoit lui-même l'escalier, il fixe les yeux sur l'enfant, et s'écrie : « Cet enfant « est le mien ; eh! monsieur, vous êtes dans l'erreur, il est à moi, » répond en tremblant la mère adoptive. Le particulier insiste : il appelle l'enfant par son nom, et l'enfant lui sourit. Il étoit bien le sien, mais il l'avoit abandonné, et ce malheureux enfant d'un homme sans conduite, sans état, errant de toutes parts, pour se soustraire à la poursuite de ses créanciers, n'étoit-il pas mieux confié aux soins de l'artisan, qu'il ne l'eût jamais été entre les bras d'un tel père. Cependant, il veut qu'on lui rende son enfant, il se fâche, et prétend le ravir à ses bienfaiteurs, dans les mains desquels il n'étoit qu'un dépôt sacré.

L'Administration en est informée ; sur sa demande, la surveillance de l'autorité publique intervient; l'Etat ne refuse pas cet enfant à son père, mais les formes protectrices veulent qu'il justifie de ses facultés, de ses mœurs, de sa conduite; et ce père, hors d'état de satisfaire à ces importantes conditions, abandonne bientôt le domicile passager qu'il avoit choisi ; et l'enfant jouit encore aujourd'hui de l'affection de ses parens adoptifs.

Fixation des mois de nourrice, pensions et gratifications, qui se payent pour les Enfans placés à la campagne.

Les mois de nourrice, dont le premier mois, comme on l'a vu, se paye au moment du départ, sont fixés ainsi qu'il suit :

Sept francs par mois pour la première année.

Six francs par mois pour la seconde année.

Et cinq francs par mois pendant les troisième, quatrième, cinquième, sixième et septième années.

L'enfant, parvenu à l'âge de sept ans, passe à la pension qui est de 48 francs par an, jusqu'à douze ans révolus. Il est accordé aux nourrices une récompense de 8 francs, à la fin du troisième mois de la remise qui lui a été faite d'un enfant nouveau-né, et deux de 6 fr., à chacune, à la fin des sixième et neuvième mois de la même année. Cette récompense a pour objet d'encourager les nourrices à donner tous leurs soins aux enfans de l'Hospice qu'elles allaitent.

Habillement dit de Première Communion.

Lorsque les enfans ont atteint douze ans révolus, époque à laquelle ils cessent d'être à la charge de l'Hospice, il leur est alloué une somme de 50 francs, une fois payée, pour leur tenir lieu d'habillement de première communion.

Indemnité pour la chaussure des Enfans.

Les nourrices sont chargées de pourvoir à la chaussure des enfans; il leur est alloué, pour cet objet, toutes les fois qu'il y a lieu à délivrer une vêture, le quart du prix du voyage, et qui est fixé par le tarif rapporté page 22.

Délivrance des vêtures aux Enfans placés à la campagne.

Il est alloué aux enfans, d'année en année, une vêture convenable à leur âge, jusqu'à ce qu'ils aient atteint six ans révolus; passé ce temps, il ne leur en est plus accordé.

La délivrance de ces vêtures a lieu par trimestre, en même temps que s'opère la liquidation des mois de nourrice et pensions; et seulement pour les enfans qui y ont droit d'année en année.

(NOTA. On a vu à l'article des Départs, la composition des vêtures.)

Rétributions aux Meneurs.

Le droit des meneurs est du vingtième de toutes les sommes qui se payent pour les enfans placés à la campagne.

Il leur est en outre alloué, pour transport des vêtures qu'ils sont chargés de remettre aux nourrices, le quart par vêture du prix de voyage, fixé par le tarif rapporté page 22.

Ces droits, ainsi que les mois de nourrice et pensions, se liquident par trimestre.

Traitement des Enfans malades à la campagne.

Les enfans malades sont soignés par des officiers de santé, médecins ou chirurgiens, qui sont spécialement autorisés par l'Administration à leur donner les secours de l'art.

Le chirurgien de l'Hospice est chargé du réglement des mémoires de médicamens, et honoraires de ces officiers de santé.

Il est également chargé de faire revenir à Paris, pour y être traités, les nourrices et les enfans, qui, d'après un certificat de l'officier de santé de leur commune, seroient infectés du virus vénérien, ou de toute autre maladie grave qui exigeroit qu'ils fussent soignés à Paris.

6

Frais d'inhumation des Enfans décédés à la campagne.

Il est alloué, *un fr.* 5o *cent.* , par chaque enfant qui décède, tant pour rédaction d'acte , que pour les frais d'inhumation.

Ces diverses bases posées, il va être ci-après question de la liquidation.

Liquidation des mois de nourrice et pensions et autres dépenses relatives aux Enfans placés à la campagne.

La liquidation des mois de nourrice, pensions, et autres dépenses relatives aux enfans placés à la campagne, est faite par trimestre et par meneur.

La liquidation comprend :

1°. Les mois de nourrice et pensions, suivant la fixation établie page 26.

2°. Le prix de la chaussure de l'enfant confié à la nourrice.

3°. L'indemnité de 5o francs, pour tenir lieu d'habillement de première communion, accordée aux enfans lorsqu'ils atteignent leur douzième année.

4°. Les sommes dues, d'après le réglement des officiers de santé de l'Hospice, pour soins et médicamens donnés par les chirurgiens aux enfans placés à la campagne.

5°. Les frais d'inhumation des enfans.

6°. La rétribution accordée aux meneurs, laquelle est du vingtième du montant total de la réunion des cinq articles précédens.

7°. Les frais de transport des vêtures , pour chacune desquelles il est alloué au meneur le quart du voyage déterminé par le tarif.

Tels sont les divers objets susceptibles d'être liquidés. Il est fait mention sur les contrôles de chaque meneur de la date de la livraison des vêtures données pour les enfans.

Les mois de nourrice sont liquidés sur la production par les meneurs des certificats de vie des enfans portés sur leurs contrôles, dont il sera parlé ci-après, et des certificats de mort portés sur les bulles des enfans décédés.

La vêture due à l'enfant se délivre suivant son âge jusqu'à six ans révolus. Elle lui est allouée si une année s'est écoulée depuis la dernière qu'il a reçue.

On observe que lorsqu'un meneur ne justifie point de l'existence d'un enfant , ou de son décès, la liquidation des mois de nourrice de cet enfant est suspendue, et le meneur supporte une amende de 1 fr. 25 cent. par chaque enfant resté sans renseignemens.

Lorsqu'un enfant est décédé, et que le meneur ne rapporte pas la layette, ou vêture, l'évaluation en est faite proportionnellement au temps qu'elle a pu servir et à son prix ; il lui en est fait déduction sur ses droits.

Les frais d'inhumation, de chaussure et d'habillement de première communion, sont ajoutés au prix des mois de nourrice et pensions , à l'article de chaque enfant.

La liquidation faite d'après toutes les bases ci-dessus, le bureau de comptabilité expédie un bordereau de paiement par meneur. Ce bordereau contient la récapitulation suivante.

TOTAL des mois de nourrice, pensions, frais d'inhumation, chaussure et habillement de première communion . . . .

Mémoires des officiers de santé, suivant réglement. . .

Vingtièmes des sommes ci-dessus au meneur, port de vêtures. . . . .

TOTAL GÉNÉRAL. . . . .

Sur quoi déduire :

Pour amendes. . . . . ⎫
Pour objets de layettes non rapportés. . . ⎬ . . . . .
                                             ⎭

Reste à payer. . . . . . .

Ce bordereau, après avoir été arrêté par le chef de la comptabilité, signé par l'Agent de surveillance, et visé par le Membre de la commission chargé de l'établissement, est envoyé à la comptabilité générale des hospices, où l'ordonnance de paiement s'expédie au nom du meneur, qui en touche le montant à la caisse générale des hospices.

Le bureau de comptabilité de l'Hospice tient un registre par meneur, sur lequel les enfans sont portés nominativement, avec l'indication des sommes payées pour chacun d'eux et pour chaque trimestre, conformément aux bordereaux fournis à l'Administration.

Il est tenu en outre un registre particulier pour les vêtures.

CONTRÔLES DES MENEURS.

Pour guider les meneurs dans les paiemens individuels qu'ils doivent faire aux nourrices, et dans la remise des vêtures, il leur est délivré, chaque trimestre par le bureau de comptabilité, des contrôles nominatifs des enfans qui leur ont été successivement confiés et qui sont vivans : ils doivent faire attester sur ces contrôles, par les Maires des communes respectives des nourrices, non seulement l'existence des enfans, mais encore les paiemens faits aux nourrices, ainsi que la délivrance des vêtures pour le trimestre précédent.

MODÈLE DE CONTRÔLE.

Nº.	Noms des			Dates		Changemens de Nourrice et autres observations à faire par les meneurs.	Vêture.	Trimestr de	Acquit de paiement des sommes ci-contre aux nourrices, et certificat de l'état des enfans que MM. les Maires sont priés de remplir.
d'ordre	Communes	Nourrices.	Enfans Nº. Registre.	des Naissance.	de l'envoi en nourrice				
									Je soussigné, de la commune de Département de Poste de Certifie que l'enfant dénommé au présent article est et que la nourrice a reçu les sommes ci-contre A ce

Exemple de la Liquidation.

Un meneur apporte (en avril ou en mai) son contrôle, sur lequel les Maires des communes ont attesté, dans les dix derniers jours de mars, non seulement l'existence des enfans, mais encore les paiemens en argent, et remises des vêtures qui y sont indiqués, et que le meneur a dû faire pour le trimestre d'octobre précédent. Le bureau de comptabilité, sur le vu de ces certificats, dresse un nouveau contrôle sur lequel il liquide les sommes à payer pour le trimestre de janvier.

Dans les mois de juillet ou août, le meneur rapporte ce dernier contrôle, sur lequel l'existence des enfans est également constatée dans les dix derniers jours de juin, ainsi que les paiemens faits en argent et en vêtures pour le trimestre de janvier, et il est dressé un nouveau contrôle sur lequel on liquide le trimestre d'avril; et ainsi de suite pour les deux autres trimestres.

Chaque année, dans le second trimestre, tous les contrôles des meneurs pour l'année précédente sont réunis, reliés et déposés à la comptabilité de l'Hospice, comme pièces comptables.

Inspection des Enfans à la campagne.

La surveillance journalière que les meneurs sont tenus d'exercer, par eux ou par leur sous-meneurs, sur les enfans confiés aux nourrices qui sont sous leur conduite, n'a point paru suffisante, et pour suppléer autant que possible à l'inspection qui étoit autrefois exercée par le ministère des sœurs de la charité, on a établi deux places d'*inspecteurs*, qui sont chargés de parcourir tous les départemens où se trouvent des enfans de l'Hospice.

Ces deux Inspecteurs, qui voyagent toujours en sens inverse, c'est-à-dire qui parcourent des départemens diamétralement opposés, afin d'éviter leur rencontre réciproque, commencent leurs tournées dans les premiers jours d'avril de chaque année, et les terminent à la fin de décembre. Ils se transportent dans les communes pour visiter les enfans individuellement. A cet effet, il leur est remis, dans les bureaux de l'Hospice de la Maternité, des contrôles par chaque arrondissement de meneur. Ces contrôles contiennent les noms des départemens, des communes, des nourrices et des enfans.

Arrivé dans un canton, l'inspecteur dresse son itinéraire d'après la carte, ou d'après la connoissance qu'il a acquise du pays. Il parcourt successivement les communes où se trouvent des enfans; il s'assure par lui-même s'ils sont bien ou mal placés, s'ils sont mal, il en fait prévenir de suite le meneur, et lui enjoint de les faire changer; il vérifie si les changemens par lui ordonnés sont effectués, et les porte sur son contrôle. Avant ou après sa visite, il s'adresse au Maire, auprès duquel il prend tous les renseignemens. Il consulte les registres de l'état civil, afin de savoir si la déclaration de décès d'un enfant est bien conforme à celle qui a été faite à l'Hospice; il se transporte aussi chez le curé pour le même objet. S'il soupçonne que son arrivée dans une commune a donné lieu à ce qu'un enfant fut mieux tenu dans ce moment que dans un autre, il fait quelques jours après, quelquefois le lendemain, une contre-visite, et descend directement ou inopinément dans la maison où il a présumé la fraude: s'il la reconnoit, l'enfant est enlevé de suite, et placé chez une autre nourrice. Se trouve-t-il dans un chef-lieu de préfecture ou de sous-préfecture, il se rend chez le préfet ou le sous-préfet, pour avoir de lui les renseignemens qui sont parvenus à sa connoissance. Il descend encore chez les médecins, chirurgiens et officiers de santé chargés pour le compte de l'Hospice, du traitement des enfans, les recommande à leur humanité et à leurs soins, et les engage à les vacciner.

Les fonctions de l'Inspecteur ne se bornent pas seulement à s'assurer de l'état de l'enfant, et à lui procurer le plus de bien être possible, il est encore chargé de recevoir les réclamations des nourrices contre les meneurs, et d'examiner la comptabilité de ce dernier; il est l'intermediaire entr'eux, et souvent leur juge. Sa visite de canton faite, il se rend chez le meneur ou le fait appeler; il se fait représenter les comptes, les examine; il vérifie les réclamations des nourrices s'il y en a; il y fait droit sur-le-champ, si elles sont de nature à pouvoir être discutées sur les lieux; si elles ne le sont pas, il en envoye la note à Paris, et le bureau de l'Hospice de la Maternité les examine et prononce.

Chaque fois que l'Inspecteur change de canton, il en prévient l'Agent de surveillance, avec lequel il correspond le plus qu'il lui est possible ; lui envoie son rapport sur la gestion et la moralité du meneur, et sur le placement et la situation des enfans. A la fin de la campagne, il fait un rapport général de sa tournée, qui est soumis à l'Administration : il propose, suivant les circonstances, soit la réforme des abus, s'il en a découvert, soit des améliorations, soit enfin des changemens.

Si, pendant la tournée d'un Inspecteur, il parvient à l'Administration, ou à l'Agent de surveillance, des plaintes contre un meneur, elles sont scrupuleusement examinées ; si elles méritent une prompte vérification, on écrit à l'Inspecteur le plus près du domicile du meneur dont on se plaint, il se transporte sur les lieux, vérifie si la plainte est bien ou mal fondée, et fait un rapport particulier sur lequel il est aussitôt prononcé.

Droit de recherche et remise d'Enfans à leurs parens.

Les enfans abandonnés ne le sont pas sans retour; plusieurs circonstances peuvent forcer leurs parens à les déposer : le père de famille, privé subitement de travail, et par cela même hors d'état de pouvoir secourir ses enfans, préfère les abandonner plutôt que de les exposer à périr de besoin ; cette séparation, quelque cruelle qu'elle soit, ne lui fait pas perdre l'espoir de les réunir à lui, s'il est assez heureux pour sortir de l'état de gêne où l'avoit plongé la cessation de ses travaux.

Les enfans naturels même sont aussi susceptibles d'être réclamés.

Cependant, si le Gouvernement a voulu ménager aux parens la douceur de retirer leurs enfans de l'Hospice, il a dû considérer avant tout, comme principe essentiel de morale, que, pour ne pas rendre l'abandon trop facile, et pour éviter qu'on ne regardât l'établissement comme une pension où l'on pourroit placer, voir et reprendre les enfans à volonté, il falloit déterminer le mode qui seroit suivi pour les retirer. Ainsi, il résulte de cette prévoyance,

1°. Que les parens étant assujettis à des formalités sévères pour retirer leurs enfans, l'abandon n'est peut être pas aussi considérable qu'il pourroit l'être.

2°. Que l'Administration trouve dans la remise de ces enfans à leurs parens un allégement à ses dépenses.

3°. Qu'elle fait rentrer dans leur famille des êtres qui ont pu en être arrachés par la force des circonstances.

Nul donc ne peut obtenir de renseignemens sur l'existence d'un enfant, que préalablement il n'ait déposé, au bureau des recherches, une somme de *trente francs* ; cette somme déposée, on procède, au moment même, à la recherche de l'enfant; s'il est décédé, il est rendu vingt francs, les dix francs restans sont un droit pour l'établissement; si au contraire il est existant, ces vingt francs demeurent imputables sur ses frais d'éducation, et il en est délivré, dans l'un et l'autre cas, à la personne qui se présente, une quittance motivée. Il est seulement dit aux parens si l'enfant est existant ou non, et l'on n'indique jamais le lieu où il est placé.

Tout employé qui seroit convaincu d'avoir donné des nouvelles d'un enfant, et fait connoître le lieu où il se trouve placé, seroit renvoyé sur-le-champ; les recherches gratuites ne peuvent avoir lieu que sur des ordres écrits des Membres de l'Administration ou d'autorités supérieures.

Lorsque les parens veulent retirer leurs enfans, ils sont tenus de payer le montant de leurs frais d'éducation.

Il est en conséquence dressé, au bureau ci-dessus indiqué, un bordereau dans la forme suivante.

Le   *année* 180

BORDEREAU

De la dépense faite par ledit Hospice, pour le nommé. . . . . . reçu le . . . .
sous le N°. . . . . étant alors âgé de . . envoyé à la campagne le

Pour frais de journées de séjour à l'Hospice, à raison de 3o centimes par jour. .	
Mois de nourriture à la campagne, à 7 francs par mois.	
Pour mois id. à francs par mois.	
Pour mois id à francs par mois.	
Pour récompense donnée à la nourrice aux troisième, sixième et neuvième mois de l'enfant.	
Pour frais de l'envoi de l'enfant à la campagne, payés au meneur et à la nourrice.	
Frais de Layettes.	
— — de Vêtures.	
— — de retour à l'Hospice. :	
TOTAL.	.
A déduire, 20 francs sur les 3o francs déposés lors de la recherche.	
Partant reste à payer.	

Certifié véritable par moi Agent de surveillance.

Pour remplir ce bordereau, on se conforme, 1°. au tarif rapporté page 22 pour les frais de voyage; 2°. à la fixation des mois de nourrice et récompenses, à partir de l'âge où l'enfant a été déposé à l'Hospice, jusqu'au moment où il a été réclamé par ses parens; 3°. pour les layettes ou vêtures, au prix arbitré chaque année pour chacune de celles qui ont été livrées.

Lorsque le bordereau s'élève à une somme trop considérable, en raison des facultés des parens, l'Administration voulant seconder leurs bonnes intentions et leurs efforts, se prête encore volontiers à leur accorder une réduction.

Les parens sont tenus, pour retirer leurs enfans, de rapporter une attestation de leur moralité, délivrée par le Maire de leur commune, et contenant en outre qu'ils sont en état d'élever leurs enfans.

Toutes ces formalités remplies, l'Agent de surveillance donne ordre au meneur, dans l'arrondissement duquel l'enfant est placé, de le ramener à son prochain voyage.

L'enfant étant de retour, il en est donné avis sur-le-champ à ses parens et la remise leur en est faite sur le reçu qu'ils en donnent : mention de cette remise est faite sur les registres et contrôles sur lesquels l'enfant se trouve porté.

Surveillance exercée à l'égard des Enfans, depuis qu'ils ont atteint l'âge de douze ans révolus jusqu'à leur majorité.

Les obligations de l'Hospice ne cessent envers les enfans qui ont atteint douze ans, que relativement aux pensions qu'il paye pour eux. Il ne suffit pas de les nourrir jusqu'à cet âge, il faut encore les mettre en état de pourvoir par eux-mêmes à leur subsistance pendant tout le reste de leur vie.

Ces enfans arrivés à l'âge de douze ans, passent donc sous la surveillance du bureau de placement établi près l'Administration, pour les orphelins et les orphelines reçus dans les hopitaux.

En conséquence, tous les trimestres le chef de la comptabilité dresse, et l'Agent envoie au chef du bureau de placement, l'état nominatif de tous les enfans qui ont atteint leur douzième année, avec les demeures des nourrices chez lesquelles ils sont placés, et l'indication des meneurs.

Ce bureau est chargé de faire surveiller, par les inspecteurs, les enfans dans leur placement actuel; de les laisser chez leurs nourrices, si celles-ci consentent à les garder et s'ils y sont bien, sinon de les placer chez des cultivateurs, chez des fabricans ou chez d'autres personnes.

Tutelle des Enfans abandonnés.

Les enfans abandonnés, quoique délaissés par leurs parens, ne sont point exclus des droits qui, conformément aux dispositions du code civil, peuvent les rendre aptes à succéder; ces enfans sont donc aussi sous la protection des lois relatives à la tutelle publique.

En conséquence, un Membre de la commission administrative des Hospices a été nommé par l'Administration, en exécution d'un décret impérial, *Tuteur* des orphelins.

Les devoirs de l'établissement relativement à cette tutelle ne consistent qu'en des relations avec le tuteur, et à lui fournir, sur le compte des enfans au profit desquels une succession peut s'ouvrir, tous les renseignemens qui peuvent le mettre à même de constater, revendiquer et conserver leurs droits.

Ces renseignemens sont de deux espèces.

A l'égard des enfans apportés du dehors, on a vu au chapitre de leur réception, que les renseignemens étoient plus ou moins exacts; que les uns étoient porteurs de leur acte de naissance; que d'autres n'avoient que des notes imparfaites; que beaucoup n'en avoient pas du tout; que les uns étoient légitimes; que d'autres étoient des enfans naturels.

L'autorité publique qui agit pour l'intérêt des absens, lors de l'ouverture d'une succession dans une famille, doit s'informer, par tous les moyens que la loi met en son pouvoir, de ce qu'est devenu un enfant dont la naissance a été reconnue publiquement : si elle découvre que l'enfant a été déposé dans l'Hopital, le tuteur en est à l'instant prévenu, l'Hospice lui produit tous les renseignemens nécessaires, et si l'enfant est encore existant, le tuteur intervient dans la succession.

A l'égard des enfans nés à l'Hospice, et qui se trouvent abandonnés par suite du décès de leur mère, lorsque la femme décédée laisse quelques effets qui font soupçonner qu'elle a une chambre en ville et des meubles qui peuvent être vendus au profit de son enfant, ou quelques papiers qui peuvent mettre à même de suivre la trace d'une succession à laquelle il a des droits, l'Agent de surveillance de l'Hospice fait passer au Membre de la commission, tuteur de ces orphelins, toutes les clefs, pièces et renseignemens qui sont en sa possession, et qui, à l'instant du décès de la femme, sont recueillis avec soin par le Préposé à l'État civil.

Tous les devoirs de la tutelle s'exercent à l'égard des enfans abandonnés jusqu'à leur majorité; ils ne peuvent, en conséquence, avant cette époque s'unir en mariage sans le consentement du Tuteur qui le leur donne par écrit, sur la présentation d'un certificat signé de l'Agent de surveillance qui atteste qu'ils sont élèves de l'Hospice.

Magasin des Layettes, Demi-Maillots et Vêtures ; de leur approvisionnement ; des Toiles et Étoffes nécessaires à leur confection, et de leur comptabilité.

Les layettes, demi-maillots et vêtures, ainsi qu'on l'a vu, se composant de la manière suivante, employent les quantités de toiles et étoffes ci-après indiquées.

7

Composition des Layettes,

DÉSIGNATION des OBJETS.	NOMBRE.	QUANTITÉ D'ÉTOFFE employée A LEUR CONFECTION.
		LAYETTES
Béguins. . . . . , .	— 5 —	15 dans un mètre de toile de Flandre ⅞.
Bonnets d'indienne. . .	— 2 —	Ils se livrent coupés, cotonnés et prêts à coudre.
Bonnet de laine	— 1 —	Il pèse ordinairement 30 grammes.
Brassières de laine. . . .	— 2 —	Chacune emploie 43 cent. de vestipoline (lainage).
Chemises en brassières.	— 5 —	25 centim. de toile de Flandre ⅞.
Couches.	— 6 —	Elles sont livr. coup. et prises dans des draps de hasard.
Couverture	— 1 —	Elle pèse ordinairement 1 kilogramme.
Fichus de toile.	— 5 —	9 dans un mètre de toile Laval.
Langes de laine	— 2 —	Se livrent tout coup. dans de vieilles couv. de laine
Langes piqués.	— 2 —	Se livr. tout garnis et pris dans des draps de hasard.
		DEMI-MAILLOTS.
Béguin.	— 1 —	
Bonnet de laine. . . .	— 1 —	
Brassière de laine . . .	— 1 —	
Chemise en brassières.	— 1 —	
Couches.	— 4 —	Voyez les indications ci-dessus.
Couverture.	— 1 —	
Fichu de toile.	— 1 —	
Langes de laine.	— 2 —	
Langes piqués.	— 2 —	
		Ire. VÊTURE.
Bas de laine	— 2 —	Ils pèsent ordinairement 124 grammes la paire.
Béguins.	— 4 —	Comme à l'article layettes.
Bonnets d'indienne. . .	— 2 —	*Idem.*
Chemises de vêtures. .	— 4 —	1 mètre de toile de Flandre ⅞ pour chacune
Chemisette.	— 1 —	1 mètre 10 centimètres de sommières (lainage).
Couches.	— 2 —	Comme à l'article layettes.
Fichus de garat.	— 4 —	120 dans une pièce de 14 aunes.
Langes de laine.	— 2 —	Comme à l'article layettes.
Robe.	— 1 —	1 mètre de siamoise rayée bleu et blanc.

Demi-Maillots et Vétures.

DÉSIGNATION des OBJETS.	NOMBRE.	QUANTITÉ D'ÉTOFFE employée A LEUR CONFECTION.
	2ᵉ., 3ᵉ. et 4ᵉ. VÊTURES.	
Bas de laine.	— 2 —	Comme ci-contre.
Béguins.	— 2 —	Comme à l'article des layettes.
Bonnets d'indienne . .	— 2 —	*Idem.*
Chemises de vêture. . .	— 2 —	Comme ci-contre.
Fichus de garat.	— 2 —	*Idem.*
Jupon.	— 1 —	1 mètre de vestipoline (lainage).
Robe.	— 1 —	Comme ci-contre.
	5ᵉ. et 6ᵉ. VÊTURES.	
Bas de laine.	— 2 —	
Bonnets d'indienne. . .	— 2 —	
Chemises de vêtures . .	— 2 —	
Chemisette.	— 1 —	Voyez les indications ci-contre.
Fichus de garat.	— 2 —	
Robe.	— 1 —	

MODE D'APPROVISIONNEMENT.

Pour que le service ne soit jamais interrompu, il est nécessaire d'assurer toujours les approvisionnemens à l'avance : en conséquence, il est adressé en octobre à l'Administration un état général des toiles, étoffes et autres objets nécessaires pour la confection des layettes, demi-maillots et vêtures dont la délivrance doit avoir lieu l'année suivante.

Cet état a toujours pour base le terme moyen de ce qui a été délivré les années précédentes.

Les échantillons des divers objets sont aussi envoyés à l'appui de la demande.

L'Administration fait faire des affiches pour annoncer la fourniture, et à jour dit procède publiquement à l'adjudication au rabais.

Les échantillons, revêtus du timbre de l'Administration et du *Visa* des adjudicataires, sont envoyés à l'Hospice pour servir de confrontation lors des livraisons.

Les marchands livrent dans les termes indiqués par leur marchés.

Les objets qu'ils fournissent sont scrupuleusement vérifiés, tant pour les largeurs que pour les qualités et quantités ; et s'ils ne sont pas conformes sur tous ces points aux échantillons, ils sont rejettés et remplacés.

L'Econome délivre, un récépissé visé par l'Agent de surveilllance de l'Hospice, et ce récépissé devient pour le fournisseur son titre de créance envers l'Administration.

Comptabilité des Layettes et vêtures.

Il est tenu au Bureau de comptabilité un double compte pour les layettes et vêtures.

Le premier est celui des toiles et des étoffes, avec l'indication de ce que la coupe produit d'objets confectionnés ; le second est celui de tous ces objets, ou confectionnés en entier à l'Hospice, ou seulement coupés, préparés et prêts à être cousus.

Comptabilité des Toiles et Étoffes.

La surveillante du magasin, après avoir porté les marchandises en recette sur un registre d'ordre, fait passer au Bureau de comptabilité la facture du marchand, visée par l'Agent de surveillance de l'Hospice.

Le montant de cette facture est aussitôt inscrit par le chef de comptabilité, sur un registre de *recette et coupe de marchandises*, distingué par nom de fournisseur.

Sur ce registre un compte est ouvert pour chaque nature de toiles et étoffes.

La surveillante, selon les besoins du magasin, coupe elle même ou fait couper sous ses yeux, des toiles et étoffes dans les dimensions propres à chaque objet qu'elle veut faire confectionner. Tous les mois elles remet au chef de comptabilité un état de ce qu'elle a coupé de toile ou étoffe, et de ce que cela a produit de pièces à confectionner ; le chef de comptabilité en porte le montant en dépense avec la mention des articles de layette ou vêture, qui en résultent.

Après avoir agi ainsi chaque mois, il est rendu en fin d'année un compte de l'emploi des toiles et étoffes de la manière suivante.

Exemple.

Il a été reçu de tel et tel fournisseur 18,076 mètres 76 centimètres de toile de flandre $\frac{3}{4}$: il en a été employé 14,322 mètres 70 centim. qui ont produit 55,130 chemises de vêture, chemises en brassières ou béguins, selon la quantité de toile qui entre dans la composition de chacun : il en reste au 1er. de l'année, 3,754 mètres 06 centimètres.

Comptabilité des objets confectionnés.

La comptabilité des objets confectionnés se compose, 1°. de ceux qui résultent de la coupe des toiles et étoffes ; 2°. de ceux préparés et prêts à être cousus, livrés par les fournisseurs; 3°. et enfin de ceux qui sont rapportés de la campagne par suite du décès des enfans.

Chaque article a un compte particulier en recette et dépense.

Au départ des meneurs, ou lors de la liquidation des mois des nourrice et pensions par trimestre, le chef de la comptabilité délivre des bons de tant de layettes, demi-maillots, 1re, 2e., 3e., 4e, 5e. et 6e vêtures, selon l'âge des enfans.

Sur ces bons, acquittés par les meneurs, la surveillante du magasin délivre les quantités indiquées, et garde les bons en sa possession. Ces bons étant représentés par la surveillante à la fin du mois, le chef de la comptabilité vérifie si les quantités d'objets qui composent les layettes et vêtures, et qu'il a portées en dépense à leur compte particulier, forment une balance exacte avec ceux qui doivent résulter du nombre de layettes et vêtures effectivement délivrées.

A la fin de l'année, le chef de comptabilité dresse le compte de dépense de chaque article résultant de ce qu'il en est entré dans toutes les layettes et vêtures délivrées, et dont la composition a été indiquée au commencement du présent chapitre.

Ce compte est dressé de la manière suivante.

ANNÉE.	MOIS.	CHEMISES DE VÊTURE.			
		Neuves.	Rentrées par paquets de mort.	TOTAL	Livrées pour les Enfans

BALANCE.

La recette des chemises de vêture a été de. 17,636

Il en est entré dans les vêtures délivrées 16,180

Il reste au premier janvier 1,456

De même pour les chemises en brassières , béguins , robes , jupons, etc.

Sur l'état général qui rend compte , par meneur, des sommes dépensées pour les enfans qui ont existé pendant tout le cours de l'année, et dans lequel ces enfans sont classés suivant les différens âges pour lesquels les mois de nourrice et pensions varient ainsi que les vêtures, on y voit aussi la dépense de ces derniers objets. On peut donc, en connoissant la quantité des layettes, demi-maillots et vêtures délivrés conformément au réglement, justifier la dépense totale de chacun des articles qui les composent.

Exemple.

Il a été délivré 500 layettes ; il entre 6 couches dans chacune : on voit à l'article *Couches*, 3,000 couches en dépense, etc.

(Nota. Il n'est point délivré de chaussures aux enfans sevrés ; elles sont remplacées par une indemnité accordée à la nourrice : il en a été parlé au Chapitre de la Liquidation des mois de nourrice et pensions.

Prix commun des layettes et vêtures.

Layette. . . . . de 23 à 24 francs.
Demi-maillot. . . . . 17 à 18
Ire. Vêture. . . . . 22 à 23
2e. 3e. et 4e. Vêtures. . . . . 12 à 13
5e, et 6e. Vêtures. . . . . 12 à 13

Tableau des Enfans existans à la campagne au 1er. janvier 1808 , et de la dépense de 1807 qui leur est relative.

Pour donner une idée de l'importance du service des enfans à la campagne, on va présenter ici , sous le rapport de l'intérêt que cela peut inspirer, et non comme un compte rendu, qu'il n'appartient qu'à l'Administration seule de publier :

1°. La population des enfans abandonnés , divisée par classes.

2°. Le nombre des enfans placés à la campagne pendant l'année 1807.

3°. L'État de la dépense relative seulement à tous les enfans qui ont vécu à la campagne pendant la même année.

Enfans existans à la campagne au 1er. janvier 1808.

Nombre d'enfans.	Age des Enfans.
2139	Du Ier. Age c'est à dire dans la 1re. année.
1087	Du 2e. Age ———— dans la 2e. année.
2295	Du 3e. Age ———— de 3 à 7 ans.
652	Du 4e. Age ———— de 7 à 12 ans.
6873	*Enfans envoyés à la campagne pendant l'année 1807.*
	Enfans confiés aux nourrices. 3533
	aux meneurs. 264
	Total. 3797

ÉTAT général de la dépense de tous les *Enfans* partis pour la campagne, et qui y ont vécu pendant 1807.

Montant des Bordereaux de Liquidation.

fr. c.

Mois de nourrice, pensions, chaussures et inhumation.	464,378 71	
Habillemens de première communion.	5,350 »	fr. c.
Mémoires des officiers de santé.	5,276 70	505,836 84
Vingtièmes des sommes ci-dessus aux meneurs.	23,486 43	
Port de vêture.	7,345 »	

Layettes et Vêtures délivrées pendant l'année 1807.

fr. c.

Layettes. . . 3,571	évaluées à 23 50	83,918 50	
Demi-Maillots. 224	17 50	3,920 »	
Ire. vêture. . . 1,579	22 50	35,527 50	
Deuxième . . . 954	12 50	11,925 »	
Troisième. . . 820	12 50	10,250 »	167,766 »
Quatrième. . . 677	12 50	8,462 50	
Cinquième . . 641	12 50	8,012 50	
Sixième 460	12 50	5,750 »	

Frais de départ des Enfans envoyés à la campagne pendant l'année 1807

Frais de voyage des nourrices.	21,197 »	
Primes aux nourrices.	3,465 84	
Premier mois d'avance.	24,717 »	72,739 04
Droit du meneur.	21,197 »	
Enfans confiés aux meneurs.	1,531 »	
Indemnité de vivres.	631 20	

TOTAL GÉNÉRAL. 746,341 88

TABLEAU des Enfans reçus

Depuis l'année 1640

Années.	Nombre des Enfans reçus.	Années.	Nombre des enfans reçus	Années.	Nombre des Enfans reçus	Années.	Nombre des Enfans reçus
			Report 7,668	Report. 21,769		Report. 60,151	
1640	572	1662	406	1684	944	1706	1,595
1641	229	1663	446	1685	988	1707	1,742
1642	239	1664	582	1686	1,147	1708	1,759
1643	312	1665	486	1687	1,147	1709	2,525
1644	288	1666	485	1688	1,216	1710	1,698
1645	288	1667	323	1689	1,245	1711	1,638
1646	253	1668	475	1690	1,504	1712	1,748
1647	322	1669	430	1691	1,720	1713	1,757
1648	338	1670	512	1692	1,971	1714	1,721
1649	412	1671	738	1693	2,894	1715	1,840
1650	593	1672	486	1694	3,788	1716	1,778
1651	354	1673	578	1695	1,767	1717	1,749
1652	434	1674	673	1696	1,244	1718	1,754
1653	270	1675	640	1697	2,419	1719	1,755
1654	333	1676	717	1698	1,845	1720	1,441
1655	326	1677	750	1699	1,998	1721	1,317
1656	416	1678	1,006	1700	1,738	1722	1,857
1657	421	1679	940	1701	1,931	1723	1,980
1658	371	1680	890	1702	1,644	1724	2,095
1659	365	1681	820	1703	1,511	1725	2,260
1660	491	1682	938	1704	1,712	1726	2,466
1661	441	1683	940	1705	1,709	1727	2,302
A reporter 7,668		A reporter 21,769		A reporter 60,151		A reporter 100,588	

aux ENFANS TROUVÉS.

jusqu'au 1ᵉʳ. janvier 1808.

Années.	Nombre des Enfans reçus	Années.	Nombre des Enfans reçus	Années.	Nombre des Enfans reçus	Années.	Nombre des Enfans reçus
Report.	100,588	Report	164,731	Report.	279,460	Report.	408,603
1728	2.166	1750	3,789	1772	7,676	An 2	3,637
1729	2,335	1751	3,783	1773	5,989	3	3,935
1730	2,401	1752	4,127	1774	6,333	4	3,122
1731	2,539	1753	4,329	1775	6,505	5	3,716
1732	2,474	1754	4.231	1776	6,419	6	3,543
1733	2,413	1755	4,275	1777	6,705	7	3,777
1734	2,654	1756	4,725	1778	6,688	8	3,742
1735	2,577	1757	4,969	1779	6,644	9	3,646
1736	2,681	1758	5,082	1780	5,568	10	4,248
1737	2,914	1759	5,264	1781	5,608	11	4,589
1738	2,784	1760	5,032	1782	5,444	12	4,250
1739	3,289	1761	5,418	1783	5,715	13	4,057
1740	3,150	1762	5,289	1784	5,609	1806 (*)	5,529
1741	3,388	1763	5,254	1785	5,918	1807	4,234
1742	3,163	1764	5,538	1786	5,824		
1743	3,099	1765	5,496	1787	5,912	TOTAL	464,628
1744	3,034	1766	5,604	1788	5,822	1808	
1745	3.234	1767	6,007	1789	5,719	1809	
1746	3,275	1768	6,025	1790	5,842	1810	
1747	3,369	1769	6,418	1791	5,140	1811	
1748	3,429	1770	6,918	1792	4,934	1812	
1749	3,775	1771	7,156	1793 (*)	3,129	1813	
A reporter.	164,731	A reporter.	279,460	A reporter	408,603		
				(*) jusqu'au 21 septembre		(*) 3 mois 10 jours de l'an 14	

(Nota). Des listes ont déjà été publiées, mais elles ne remontent qu'à 1670, et ne présentent de dix en dix ans, jusqu'en 1700, que le nombre des enfans reçus pendant l'année qui finit chaque dixaine ; et à partir de 1700, le nombre des enfans y est établi d'année en année jusqu'en 1787.

Il est probable que les obstacles que présentoit le dépouillement qu'il y avoit à faire depuis 1640 jusqu'en 1700, ont empêché de présenter le tableau des enfans exposés depuis la fondation de l'Établissement.

Cet état imprimé dans les mémoires sur l'Hospice, étant donc imparfait, on a cru devoir, malgré les difficultés d'un dépouillement aussi long, compter par année tous les actes de naissance des enfans qui depuis 1640 jusqu'en 1700 ne sont dans aucun ordre numérique.

· SECTION D'ACCOUCHEMENT.

LE défaut de localité dans la maison d'Accouchement ayant forcé, ainsi qu'on l'a dit, de placer comme pensionnaires les femmes enceintes à la section d'Allaitement, et de réserver la maison d'Accouchement pour les femmes en couche et les élèves sage-femmes, on va décrire isolément ce qui concerne les femmes enceintes placées à l'Allaitement, sous le rapport de leur admission, de leur régime, de leur police et des travaux auxquels elles sont assujetties.

RÉCEPTION DES FEMMES ENCEINTES.

La femme enceinte n'est admissible que lorsqu'elle est grosse de huit mois révolus, ou menacée d'un accouchement prématuré, ou dans une indigence légalement constatée.

Celle qui désire faire ses couches dans l'établissement se présente à la Sage-Femme en chef par laquelle la grossesse est aussitôt constatée.

Si la femme est enceinte de huit mois révolus, la sage-femme en chef lui délivre un bulletin pur et simple qui le constate ; si elle déclare qu'elle est dans une indigence absolue, et qu'elle ne soit pas enceinte de huit mois, la sage-femme en chef met en marge du bulletin un renvoi à se pourvoir auprès de l'Agent de surveillance, à la prudence duquel l'Administration abandonne le soin de juger le plus ou moins de validité des motifs allégués par cette femme.

Si elle est menacée d'accoucher prématurément, la sage-femme en chef le motive aussi sur son bulletin.

La femme enceinte munie de ce bulletin revient à la section d'Allaitement : s'il est pur et simple, elle doit être reçue de droit, ainsi que celle qui est menacée d'accoucher prématurément Le préposé à la réception lui fait en conséquence décliner ses noms, le lieu de sa naissance, son âge, sa profession, son domicile. Il s'en rapporte à sa déclaration, et ne peut exiger d'elle ni acte de naissance, ni acte de mariage; elle est enregistrée dans cette forme sous un numéro d'ordre, et on lui donne un double billet d'admission en échange du bulletin de la sage-femme en chef.

Les bulletins de la sage-femme en chef sont gardés et enliassés, pour que l'on puisse justifier au besoin de la validité des admissions.

La femme enceinte est envoyée avec un double billet à la surveillante des femmes enceintes, à laquelle elle en remet un, elle garde le duplicata pour le présenter lorsqu'on fait des recensemens.

La femme qui n'est pas enceinte de huit mois, et qui désire être admise avant ce terme pour cause d'indigence, se présente à l'Agent qui lui refuse ou accorde son admission suivant les circonstances ci-après.

Si la femme a un domicile à Paris, elle est le plus souvent renvoyée jusqu'à ce qu'elle soit grosse de huit mois révolus; l'établissement n'est institué que pour des femmes en couche, mais on les reçoit un mois avant l'accouchement, parce qu'il est impossible d'en prévoir le terme juste pour la plupart des femmes que l'on reçoit, et qui seroient exposées à accoucher inopinément dans un domicile où elles ne recevroient point les soins que leur état exige, ou le plus souvent peut-être dans les rues, ou dans les places publiques.

Si ces admissions avant terme étoient fréquentes, il en résulteroit que le séjour de ces dernières femmes étant trop prolongé, un plus petit nombre de celles qui approchent davantage du terme de l'accouchement auroit part aux secours de l'établissement.

Si la femme arrive de province à pied, munie d'une feuille de route, et qu'il paroisse constant qu'elle n'a à Paris ni asile, ni parens, ni connoissances, ni ressources, son admission avant terme est plus particulièrement autorisée par l'Agent; mais celles qui se trouvent dans ce cas, étant en petit nombre, cela ne peut nuire au but de l'institution.

On doit néanmoins observer à l'égard des admissions avant terme, qu'il y a une restriction très-favorable aux indigentes. L'expérience démontrant qu'il est impossible de ne pas recevoir quelques-unes de ces femmes, l'établissement a intérêt de faire tourner à son profit les services qu'il est possible de tirer de celles qui se portent bien, qui ne sont pas encore près d'accoucher, et qui en général ont été accoutumées à des travaux assez forts.

Pour suppléer donc à une augmentation de gens de service qui seroit nécessaire dans l'établissement, on reçoit, pour les cuisines des deux sections, pour le service de la salle d'accouchement, pour celui du réfectoire des élèves sage-femmes, un nombre de femmes enceintes non encore arrivées au terme de huit mois révolus. Ce résultat s'élève communément à trente; et comme il se fait une mutation parmi elles, il en s'ensuit que, dans le cours de l'année, beaucoup de femmes indigentes jouissent de l'avantage d'être admises avant terme.

Les femmes qui sont aussi reçues pour cause d'indigence avant le huitième mois révolu, et qui ne sont pas destinées aux travaux ci-dessus indiqués, sont employées à raccommoder le linge, mais elles ne reçoivent aucun salaire pour ce travail.

A l'égard des femmes menacées d'accoucher prématurément, si cet état est accompagné de symptômes qui exigent la surveillance particulière de la sage-femme en chef, la femme est gardée dans une des salles de la section d'Accouchement; si au contraire, dans cette supposition d'accouchement prématuré, il n'y a aucun signe inquiétant, la femme est rangée à la section d'Allaitement parmi les autres, dans la forme indiquée précédemment; et au bout de quelques jours elle est renvoyée à un nouvel examen de la sage-femme en chef qui prononce, ou sur son renvoi, ou sur son admission définitive.

Coucher et Habillement.

Les femmes enceintes sont couchées seules, dans des dortoirs sains, propres et aérés, qui sont composés de 8, 10, 12, 15, 25 ou 30 lits.

Ces lits sont espacés convenablement; ils sont composés d'une couchette, une paillasse, un matelas et deux couvertures.

Ils sont au nombre de 130.

Tous les mois les femmes enceintes sont changées de draps.

Elles doivent se procurer à leur frais cuiller, fourchette, gobelet, et vase de nuit : néanmoins il en est prêté aux plus indigentes.

Il est aussi fourni à ces dernières des chemises et des vêtemens, comme à celles qui arrivent quelquefois dans un état affreux de mal-propreté.

Les femmes qui travaillent dans divers emplois de la maison, pour tenir lieu de filles de service, en portent l'habit, qui est fourni par l'Hospice.

Emploi du temps.

Le matin à 7 heures en été, et à 8 heures en hiver, les femmes doivent être levées, leurs lits doivent être faits et les dortoirs balayés.

Un ordre est établi parmi elles pour qu'elles se livrent tour-à-tour à ces soins.

A 8 heures une cloche les appelle à l'atelier, toutes, sans exception, doivent s'y rendre et s'y livrer aux travaux qu'on leur prescrit. A 11 heures et demie, elles se réunissent pour dîner dans un réfectoire commun. Du dîner à 3 heures elles se promènent, si c'est en été; si c'est en hiver elles se retirent dans leurs dortoirs, où elles sont chauffées. A 3 heures la cloche les appelle de nouveau au travail. A 6 heures, le souper leur est servi. Elles doivent être couchées à 8 heures en hiver, et à 9 heures en été.

Réfectoire et Régime.

Le réfectoire est toujours dirigé par la surveillante de l'emploi ; le silence doit y être observé, et, sous aucun prétexte, on ne peut en sortir d'alimens.

Le régime des femmes enceintes est déterminé par le réglement, ainsi qu'il suit ;

SAVOIR :

72 Décagrammes de pain. ⎫ pour la journée.
25 Centilitres de vin. ⎭

A déjeûner. 1 Soupe maigre aux légumes.

A dîner... 1 Soupe grasse de 6 décilitres de bouillon.

20 Décag. de viande bouillie, provenant de 36 décag. de viande crue.

1 Décil. de légumes secs cruds, ou 18 décag. de légumes frais cuits.

A Souper. . 13 Décag. de viande bouillie, provenant de 25 décag. de viande crue.

Toutes les femmes sont tour-à-tour chargées du soin d'aller chercher et de reporter les plats à la cuisine, de laver et de ranger la vaisselle.

Elles ne peuvent recevoir du dehors, en alimens, que des objets sains et avoués du médecin.

Parloir.

Il y a parloir deux fois par semaine, les mercredi et samedi ; l'entrée pour les étrangers qui viennent voir les femmes est pratiquée en face de la loge du portier ; l'entrée pour les femmes enceintes donne dans la cour ; entre la partie consacrée aux étrangers et celle destinée aux femmes enceintes, il existe deux barrières au milieu desquelles s'élève un grillage.

L'expérience a démontré que si l'Administration, dont toutes les vues sont favorables aux pauvres, permettoit que ces femmes pussent voir leur parens ou amis, il étoit au moins essentiel de prendre des mesures pour que tout se passât décemment dans ce parloir.

Police de l'Emploi.

La femme enceinte peut sortir une fois pendant la durée de son séjour, mais jamais le dimanche ; elle doit être rentrée à sept heures du soir en été, et à six heures en hiver. Cette facilité lui a encore été donnée pour qu'elle puisse vaquer à ses affaires personnelles, et au soin de la layette de son enfant, si elle se dispose à le nourrir chez elle, ou à le mettre en nourrice.

Quelques moyens de répression assurent parmi ces femmes l'ordre, la tranquillité et la propreté ; les punitions sont graduées, selon l'état de grossesse dans lequel elles se trouvent, et sur la nature du délit.

La femme qui désobéit aux chefs, se querelle, rentre à l'Hospice passé l'heure indiquée, ou découche , est dans les deux premiers cas punie par l'obligation de travailler gratuitement, ou par la privation du parloir, dans les deux derniers , par le renvoi, pour ne plus rentrer que lorsqu'elle éprouvera les douleurs de l'enfantement. Celle qui est convaincue de vol, est chassée , et suivant les circonstances plus ou moins graves qui accompagnent ce délit, est traduite devant le commissaire de police du quartier.

La femme qui sort volontairement, est avertie qu'elle ne pourra rentrer qu'au moment de l'accouchement ; on suppose dans ce cas qu'elle a des ressources, elle doit en conséquence laisser sa place à une femme plus malheureuse qu'elle : il en est de même pour celle qui découcheroit.

Lorsqu'il y a entre les femmes enceintes intelligence pour n'en pas découvrir une qui se seroit rendue coupable d'une faute quelconque , il y a punition générale, et la privation du parloir pour toutes est le moyen le plus sûr pour ramener l'ordre et découvrir la délinquante.

Aucun étranger n'est admis , sous aucun prétexte , à voir ces femmes dans l'intérieur de la maison , ni même à obtenir aucun renseignement sur leur existence dans l'établissement. Les autorités seules ont le droit de les demander.

Précautions relatives à la santé des Femmes enceintes.

Les femmes enceintes indisposées sont appelées chaque jour à la visite du médecin.

Une salle de bain est toujours en activité dans la maison d'Accouchement , et toutes les femmes enceintes arrivantes y sont tour-à-tour conduites le matin pour y prendre un bain de propreté.

Passage des Femmes enceintes de la Maison d'Allaitement à celle d'Accouchement.

Lorsque la femme enceinte ressent les douleurs de l'enfantement, des filles de service l'accompagnent, soit le jour soit la nuit, à travers le jardin de la maison d'Allaitement, et la conduisent à celle d'Accouchement ; la femme est enveloppée d'une houpelande chaude,

S'il arrive par hazard que la femme trop pressée par les douleurs ne puisse aller à pied , un brancard disposé à cet effet est toujours prêt à la recevoir. Des hommes de peine la transportent ; elle est toujours accompagnée par la fille de service.

MAISON D'ACCOUCHEMENT.

COMPOSITION DE CETTE MAISON.

CETTE maison est située entre le levant et le couchant ; l'air y est sain et pur. Les salles des femmes en couche sont placées à droite et à gauche de grands corridors éclairés à chaque extrémité par une large croisée. Ces salles renferment 4, 6, 7 et 8 lits : il y a une infirmerie pour les femmes en couche malades.

Le nombre des lits de cette maison est au total ,

SAVOIR:

Pour les femmes en couche. . . . . 82 ⎫
.Pour les femmes enceintes. . . . . . 35 ⎬ 135
Pour les gens de service. . . . . 18 ⎭

Berceaux pour les enfans aux femmes accouchées 60

Une salle est uniquement consacrée aux accouchemens : cette salle est vaste ; elle est dallée en pente pour l'écoulement des eaux qui résultent du lavage. Un poêle volumineux l'échauffe, et se trouve disposé de manière à répandre de la chaleur dans une étuve, où le linge que l'on y étend pour les femmes en couche se conserve chaud.

Indépendamment de cette salle, il en existe une autre dans laquelle sont placées les femmes en travail , et qui ne touchent point encore au moment d'accoucher.

Réception des Femmes qui sont au moment d'accoucher , ou qui sont accouchées.

La réception des femmes à la maison d'Accouchement se compose, 1°. des femmes enceintes qui , reçues précédemment à la section d'Allaitement , sont saisies par les douleurs de l'enfantement; 2°. de celles en travail qui viennent immédiatement de la ville; 3°. de celles qui, étant accouchées subitement dans leur domicile, viennent réclamer pour elles et leurs enfans les secours dont elles ont besoin.

La femme qui a résidé à la section d'Allaitement est amenée, ainsi qu'on l'a vu plus haut, à celle de l'Accouchement par une fille de service, laquelle remet à la surveillante des femmes en couche, de la part de celle des femmes enceintes , le billet d'admission que la femme a reçu lors de son entrée à l'Hospice ; elle est aussitôt enregistrée sur un registre d'ordre tenu par la surveillante.

A l'égard de celles en travail qui viennent immédiatement de la ville, si elles sont en voiture, on les descend au péron de la maison, et on les porte sur le brancard.

La surveillante prend alors de ces femmes, avant ou après l'accouchement, selon l'état dans lequel elles se trouvent, la déclaration telle qu'elle auroit été reçue au bureau de réception, si chacune d'elles se fut présentée enceinte pour être reçue à l'Allaitement. Cette déclaration est envoyée au préposé à la réception qui enregistre la femme, dresse le billet d'admission et le remet à la surveillante.

Une circonstance particulière se rencontre aussi quelquefois, et le récit ne peut en être omis ici, puisqu'il a pour objet de prouver jusqu'où s'étend la prévoyance paternelle de l'Administration.

Une femme arrive à pied, ressentant vivement les douleurs de l'enfantement, elle est indigente, mais elle ne s'est point présentée comme femme enceinte, parce qu'elle n'a pu jusqu'alors placer un enfant de 3 ou 4 ans qu'elle a déjà ; le père est forcé par son travail de quitter le logis pendant tout le jour, et s'il abandonne son état, il est privé des moyens d'alimenter sa famille. La mère en douleurs se présente avec l'enfant ; mais d'une part il est trop âgé pour être admis dans l'établissement, de l'autre, elle ne veut pas l'abandonner, et malgré sa misère on se garde bien de lui en donner le conseil : comment faire dans une semblable circonstance ? La femme, malgré le besoin pressant qu'elle en éprouve, refuse les secours de l'établissement, par le seul motif que son enfant ne sera point accueilli momentanément pour lui être rendu après ses couches. L'Administration tolère donc une exception en faveur de ces enfans. La femme reçoit des soins en couche, l'enfant est conservé dans l'Hospice pour lui être rendu ; et comme il ne peut être assimilé à aucune classe d'enfans reçus dans l'établissement, il est inscrit sur un registre particulier.

Cette conduite à l'égard des enfans de mères indigentes, est encore en effet la conséquence du résultat qu'on se propose dans l'établissement : *Secours aux mères pour conserver leurs enfans.*

Accouchemens et soins y relatifs.

Pour décrire avec plus de précision les soins que reçoivent les femmes en couche, on rendra compte ici des devoirs des élèves sage-femmes envers elles. Il sera encore question de ces élèves à l'article du service de santé, et à celui de l'école d'accouchement, sous le rapport de leur instruction et de la tenue du pensionnat.

Les élèves sage-femmes sont subdivisées par sections proportionnées à leur nombre total : à la tête de chacune est toujours une élève plus ancienne et plus instruite que les autres. Chaque section est tour-à-tour appelée près des femmes en douleurs, à mesure que ces dernières se succèdent, et les accouchemens sont faits alternativement par une élève de la section de service.

La femme en douleurs est reçue d'abord dans la chambre de travail.

Celle qui arrive accouchée est sur-le-champ placée dans une des salles.

Lorsque la femme est avancée dans le travail, elle est transportée dans la salle d'accouchement

La sage-femme en chef est toujours avertie d'un accouchement qui va s'opérer, elle le surveille et le dirige.

Dans le cas d'accouchement contre nature, M. Baudelocque, Accoucheur en chef est appelé.

La femme, toujours accompagnée par la section de service, est placée sur le lit de travail où l'accouchement se termine.

A l'instant même, toutes les élèves de la section sont occupées; les unes donnent les premiers soins à l'enfant, et l'enveloppent d'un maillot après avoir vérifié son poids, précaution souvent utile pour juger de la viabilité et dégager en quelque sorte l'établissement de l'espèce de responsabilité qui peut résulter de la mortalité dans la suite.

D'autres élèves près de la femme l'enveloppent de linges blancs et chauds.

Immédiatement après qu'un accouchement est terminé, une élève va en donner avis à la surveillante, qui fait aussitôt préparer et bassiner un lit pour recevoir la femme.

Deux filles de service se transportent avec un brancard à la salle d'accouchement; la femme y est placée et on la conduit dans la salle où elle est mise au lit, par les soins de l'élève qui a fait l'accouchement, et par ceux de la fille de service.

L'enfant est couché dans un berceau près du lit de la mère: il reçoit pendant les vingt-quatre premières heures de sa naissance, le même régime que les enfans déposés à la crèche.

ÉTAT CIVIL DES NAISSANCES.

Le Préposé à l'état civil se présente le matin; il lui est remis par la surveillante une note des femmes accouchées, avec l'indication des salles où elles se trouvent. Une fille de service l'accompagne auprès du lit de chaque femme; là il reçoit la déclaration telle qu'il convient à la mère de la faire, ainsi que les noms qu'elle entend donner à son enfant. Il le fait deshabiller devant lui pour en constater le sexe.

Cette opération terminée, le Préposé à l'état civil écrit lui même à la suite du nom de chaque femme, sur le registre d'ordre de la surveillante, le nom que la femme a donné à son enfant.

Destination des Enfans.

Les femmes accouchées, ou gardent leurs enfans, soit pour les emporter chez elles, soit pour les nourrir à la section d'Allaitement, ou se décident soit à les mettre en nourrice, soit à les abandonner.

9

La destination que les mères réservent à leurs enfans est déjà connue de la surveillante lorsque le Préposé à l'état civil reçoit les déclarations.

Des Enfans gardés par leurs Mères.

La mère qui allaite son enfant pour l'emporter dans son domicile, continue à le garder près d'elle, et la maison lui fournit les objets de layette pendant tous le tems de sa couche.

Il en est de même si la femme se destine à être nourrice sédentaire; cependant elle n'est définitivement appelée à le devenir que lorsqu'après ses douze ou quinze jours de couche le Médecin aura constaté la qualité de son lait; mais pour ne pas flatter une femme de l'espoir de devenir nourrice sédentaire, s'il y avoit en elle des motifs évidens de rejet, on se rend juge à l'avance de tout ce que ses qualités physiques peuvent offrir en sa faveur, car on ne la recevroit pas si son teint, sa tenue et ses dents, n'indiquoient pas au premier aspect qu'elle est propre et saine, et si d'ailleurs elle ne s'étoit pas bien conduite comme femme enceinte pendant sa résidence à l'Hospice.

Enfans mis en nourrice par leurs Mères.

Dans le cas où la mère veut mettre son enfant en nourrice à ses frais, la maison se charge de faire choisir une nourrice au Bureau de la Direction, les relations sont établies avec le Directeur de ce Bureau, de manière à ce qu'on est sûr d'obtenir par ses soins une bonne nourrice au prix le plus avantageux pour les faibles ressources de la mère.

La nourrice de la Direction vient à l'Hospice; l'enfant lui est confié en présence de la mère qui reconnoît, par écrit, que c'est de son aveu et suivant son désir que son enfant a été confié à cette femme.

Dans ces trois circonstances où les enfans ne sont pas abandonnés par leurs mères, ils sont baptisés à la maison même d'accouchement; le Chapelain s'y transporte pour cette cérémonie. Le motif qui a déterminé à ne pas faire porter les enfans à la chapelle, est fondé sur ce que beaucoup de ces femmes pourroient s'imaginer qu'on a pu substituer un autre enfant au leur.

Enfans abandonnés par leurs Mères.

Lorsque la mère abandonne son enfant, et que le même jour il s'en trouve plusieurs exposés à subir le même sort, immédiatement après que le Préposé à l'état civil a reçu les déclarations des accouchées, les enfans abandonnés par leurs mères sont rassemblés par la surveillante. Elle attache à leur bonnet un papier sur lequel leur nom est écrit; ces enfans sont ensuite placés dans un panier divisé en six cases, cotonnées dans le fond et des deux côtés. Ce panier est porté par deux filles à travers le jardin de la Maison d'Allaitement jusqu'au bureau de réception : là le sexe des enfans est de nouveau constaté, ils sont enregistrés de la même manière que les enfans qui viennent du dehors, et portés à la crèche où l'on rend à l'instant les layettes qui appartiennent à la Maison d'Accouchement.

RÉGIME DES FEMMES EN COUCHE.

Le Régime des femmes en couche est déterminé par le règlement, ainsi qu'il suit :

Les trois premiers jours.

4 Bouillons de 25 centilitres chaque.
25 Centilitres de vin.

Les quatrième, cinquième et sixième jours.

48 Décagrammes de pain blanc.
25 Centillitres de vin.
1 Bouillon de 25 centilitres.
2 Soupes de 48 centilitres chaque.
25 Décagr. de viande bouillie désossée, provenant de 50 décag. de viande crue.
25 Décagr. de viande rotie provenant de 38 décagr. de viande crue.

Les jours suivans.

72 Décagrammes de pain blanc.
25 Centilitres de vin.
1 Bouillon de 25 centilitres.
2 Soupes de 48 centilitres chaque.
25 Décagr. de viande bouillie désossée, provenant de 50 décagr. de viande crue.
24 Décagr. de viande rotie, provenant de 36 décagr. de viande crue.

Dans les cas extraordinaires, les officiers de santé et la maîtresse sage-femme peuvent prescrire un autre régime, en ayant attention néanmoins que la dépense n'excède pas celle du régime ordinaire.

Le régime des femmes enceintes qui habitent cette maison, est le même que celui qui a été indiqué au chapitre de ces mêmes femmes à l'Allaitement.

Prescription du régime et distribution des alimens.

Le matin, avant l'arrivée du médecin, la sage-femme en chef visite toutes les femmes en couche ; elle doit trouver auprès du lit de chaque femme l'élève qui a fait l'accouchement, et celle-ci doit l'instruire de l'état de cette femme depuis sa dernière visite.

La sage-femme en chef prescrit le régime du jour en se renfermant dans les termes du réglement ; la feuille est remise à la surveillante, qui la fait passer au cuisinier qui dispose son service en conséquence.

La distribution des alimens se fait à des heures déterminées, sous les yeux de la surveillante de l'emploi.

INFIRMERIE.

Aucune femme malade ne peut passer à l'infirmerie sans l'autorisation de la sage-femme en chef ; et lorsque celle-ci le juge convenable, la femme y est portée de suite sur le brancard ; l'élève par laquelle cette femme a été accouchée la suit également en maladie.

VISITE DU MÉDECIN.

On verra le détail des visites du médecin à l'article du service de santé.

DISTRIBUTION DU LINGE.

Le mode de délivrance et de change du linge est décrit à l'article lingerie.

VEILLE.

La nuit une veilleuse pour chacun des corridors du premier et du deuxième, et une autre spécialement pour l'infirmerie, sont chargées du soin des diverses salles, et de donner les bouillons et médicamens prescrits.

Des élèves sont également désignées tour-à-tour pour veiller à l'infirmerie et dans les salles : il arrive de tems à autre à l'Agent de surveillance de parcourir la Maison aux différentes heures de la nuit pour s'assurer de l'exactitude avec laquelle ces veilleuses remplissent leurs devoirs.

DÉCÈS ET INVENTAIRE.

Si une femme vient à décéder, les dispositions ont été faites dans le local de l'infirmerie pour que l'enlévement s'en fasse de manière qu'aucune autre femme ne puisse s'en appercevoir.

Après le décès, l'Agent est averti par la surveillante; il en informe le Préposé à l'état civil, et aussitôt il est fait inventaire des effets qui appartenaient à la femme décédée, bijoux et argent compris.

Tous les trois mois, un état général des effets en habillement est dressé, ils sont envoyés à l'Hôtel-Dieu où ils sont vendus avec ceux des autres Hospices.

Les bijoux et l'argent sont remis par l'Agent de surveillance au Receveur général des Hospices sur son récépissé.

POLICE INTÉRIEURE.

Deux fois par semaine, les mercredi et samedi, il y a parloir, c'est-à-dire que les étrangers sont admis à venir savoir des nouvelles des femmes qui les intéressent. En conséquence, la surveillante fait remettre au portier une feuille contenant les noms des femmes existantes en couche dans l'établissement; deux filles de salle sont de parloir. Lorsqu'un individu se présente pour avoir des nouvelles, le portier vérifie si la femme est dans l'établissement, l'une des filles monte dans les salles, s'informe de l'état de la santé de la femme, et vient aussitôt en rendre compte à la personne qui le demande.

Si une personne se présente pour parler à une femme en couche, la sage-femme en chef se rend juge, de la possibilité où se trouve la femme de parler à quelqu'un; si elle n'y voit aucun inconvénient, elle donne un laissez-passer qui n'a de valeur qu'autant qu'il est visé par l'Agent de surveillance qui s'assure de la validité des motifs qui déterminent cette demande.

La femme en couche en état de se lever, ne peut cependant quitter sa salle sans la permission de la sage-femme en chef.

Il est interdit aux élèves et aux filles de service de donner aucun aliment aux femmes au-delà du régime prescrit, la plus légère infraction à cet ordre est sévèrement punie.

Les seules choses dont on permet l'entrée sur l'autorisation du médecin, sont les confitures, le sirop, le sucre et le vin vieux.

Lorsqu'une femme est parfaitement rétablie après douze jours de couche, ou elle se retire de son propre mouvement, ou bien on l'avertit de se disposer à partir.

Le matin avant sa sortie on lui donne un bouillon, on vérifie les effets qu'elle emporte, et elle reçoit un laissez-passer.

TABLEAU DES ACCOUCHEMENS

Qui ont été faits dans cet Établissement depuis sa fondation.

ANNÉES.	NOMBRE des ACCOUCHEMENS.	NOMBRE des Enfans provenans de ces ACCOUCHEMENS
Première époque du 14 thermidor an 4, date à laquelle Madame LACHAPELLE, fille de Mad. DUGÈS, alors sage-femme en chef de l'Hôtel-Dieu, est venue se fixer à l'Allaitement, jusqu'au 19 frimaire an 6.	410	416
NOTA. Dans cette intervalle les Accouchemens se sont encore faits en grande partie à l'Hôtel-Dieu.		
Du 19 frimaire au 6, jour de la mise en activité de la Maison d'Accouchem., jusques et compris les jours complémentaires de la même année. . .	952	961
An 7.	1,364	1,380
— 8.	1,155	1,166
— 9.	1,209	1,222
— 10.	1,496	1,512
— 11.	1,632	1,654
— 12.	1,662	1,679
— 13.	1,564	1,586
— 14 3 mois 10 jours. . . . . . . 496 } — 1806. . . . . 1625 }	2,121	500 } 1,653 } 2,153
— 1807.	1,691	1,707
TOTAUX.	15,256	15,436

ÉCOLE D'ACCOUCHEMENT.

ORGANISATION DE L'ÉCOLE.

LES motifs qui ont déterminé la fondation de cette école dans l'Hospice de la Maternité, ont été suffisamment développés dans le dicours préliminaire, et les détails dans lesquels on va entrer ici n'auront pour objet, comme pour toutes les autres parties de l'Administration, de la maison, que d'en faire connoître le service et les mesures prises pour assurer l'instruction des élèves.

Le réglement de son Excellence le Ministre de l'Intérieur (1), du 11 messidor an 10, qui a fondé cette école, a fixé les cours à six mois.

Dans l'intervalle de ces cours, l'expérience a fait remarquer la nécessité de prévoir et d'ordonner par un nouveau réglement diverses mesures, tant sous le rapport du prix de la pension, que sous celui de la durée des cours et de la marche intérieure de l'école.

En conséquence, un nouveau réglement du ministre, en date du 17 janvier 1807, est venu donner une impulsion plus active à cette institution.

Les élèves qui étoient choisies par les Préfets, le sont encore par eux; mais les commissions administratives d'hospices des départemens, qui ont plus de 20,000 francs de revenu, doivent aussi en désigner une.

Le séjour des élèves dans l'Hospice est fixé à une année scholaire qui commence le 1er. juillet, et finit à la fin de juin de l'année suivante.

Plusieurs motifs importans ont déterminé le renouvellement des cours à cette époque. Le premier, que les élèves arrivent et s'en rétournent dans un temps plus favorable pour les voyages; le second, que l'Hospice leur présente un aspect plus riant, et qu'après avoir quitté pères, mères, maris, enfans, elles trouvent dès l'abord un genre de dissipation qui les console de l'ennui dont aucune n'est exempte à son arrivée à Paris; le troisième, que l'époque de juillet étant celle où il se fait le moins d'accouchemens, elles sont moins détournées des premières leçons de théorie; le quatrième enfin, qu'elles ont déjà acquis un certain degré d'instruction à l'époque de l'hiver où les accouchemens se font en grand nombre.

RÉCEPTION DES ÉLÈVES.

Quand une élève se présente, elle justifie au bureau de réception d'un extrait de sa nomination, elle reçoit aussitôt un exemplaire du catéchisme de Mr. BAUDELOCQUE sur

(1) M. CHAPTAL.

les accouchemens , et un double billet d'admission, l'un est remis par elle à la sage-femme en chef, et l'autre à la surveillante chargée de la police de l'école.

La chambre et le lit que l'élève doit occuper lui sont aussitôt indiqués.

Coucher, Linge e Blanchissage des Elèves.

Les élèves occupent une maison contiguë à l'Hospice, qu'on nomme le pensionnat, elles couchent dans des dortoirs de 2, 3, 4, 6 et 10 lits leur nombre total est de 165.

Il leur est fourni une paire de draps par mois, deux tabliers et une serviette par semaine.

Elles reçoivent de l'Hospice par prélèvement sur leurs pensions une indemnité de 75 cent. par mois pour blanchissage.

Régime des Elèves.

Le régime suivant est alloué aux élèves.

72 décagrammes de pain blanc.
50 centilitres de vin.

RÉGIME GRAS.

A déjeûner 25 centilitres de lait , ou 6 décagrammes de fromage, ou de raisiné, ou 6 décagrammes de pruneaux crus ; ou l'équivalent en fruit suivant la saison.

A dîner. . 1 Soupe de 48 centilitres de bouillon,
18 décagrammes de viande bouillie, provenant de 25 décag. de viande crue.
16 décagrammes de viande rotie ou en ragoût, provenant de 25 décagramm. de viande crue.

A souper 16 décagrammes de viande rotie , provenant de 25 décagr. de viande crue.
2 décilitres de légumes secs crus, ou 36 décagramm. de légumes frais cuits.

JOURS MAIGRES.

A déjeûner. De même qu'au régime gras.
A dîner. . 1 Soupe maigre de 48 centilitres.
2 décilitres de légumes secs crus, ou 36 décagr. de légumes frais cuits.
2 harengs, ou 25 décagrammes de morue, ou d'autre poisson, quand le prix de ces objets n'excède pas celui de la morue, porté à 60 centimes les 50 déc.

A souper 2 décilitres de légumes secs, crus, ou 36 décagrammes de légumes frais, cuits.
3 œufs, ou 9 décagram. de fromage ou 12 de raisiné , ou 15 de pruneaux crus , ou l'équivalent en fruit suivant la saison.

ORDRE ET POLICE DE L'ECOLE.

Les élèves sont sous la surveillance de l'Agent et de la sage-femme en chef, pour ce qui concerne l'ordre et la police de l'école.

La surveillante dont il a été parlé est chargée de suppléer la sage-femme en chef pour les détails intérieurs.

Les élèves doivent être levées à 6 heures et demie du matin en été, et à 7 heures et demie en hiver; elles doivent être couchées à 10 heures en hiver, et à 11 heures en été, attendu que les leçons du soir se prolongent souvent.

La surveillante veille chaque jour à ce qu'immédiatement après le lever les lits soient faits par les élèves mêmes, et que leurs chambres soient appropriées.

Dans une pièce où l'on a disposé un nombre assez considérable de petits fourneaux, les élèves ont la faculté d'y faire chauffer leur lait, ou d'y préparer tout autre déjeûner qui leur conviendroit.

La surveillante assiste à tous les réfectoires; elle veille à ce que les élèves s'y rendent munies de leurs serviettes, de leur pain et de leurs couverts, dont elles sont responsables; à ce qu'elles s'y tiennent en silence aux places qui leur sont indiquées par leur numéro d'ordre; à ce qu'elles sortent de ce réfectoire sans bruit, et à ce qu'elles n'en emportent aucun aliment.

Elle veille à ce que les élèves ne s'écartent pas de la tenue de propreté qui leur est prescrite, à appaiser les querelles qui pourroient s'élever entr'elles, et à ce qu'à la sortie des leçons et surtout le soir, les élèves se retirent en silence dans leurs dortoirs pour ne pas troubler le repos des femmes en couche.

Elle veille à ce que le linge qui, comme on a vu, est périodiquement délivré aux élèves, ne soit ni gâté, ni déchiré; une élève est obligée de remplacer à ses frais la pièce de linge que par sa négligence elle auroit mise dans cet état.

Les élèves peuvent aller en ville une fois tous les quinze jours, lorsqu'aucune faute ne leur a mérité la privation de sortir.

Elles ne sortent que sur un bulletin signé par la sage-femme en chef, et remis au portier.

Elles doivent être rentrées à 7 heures en hiver, et à 8 heures en été.

Les élèves qui ne sont pas mariées ne peuvent sortir seules, il faut que des parens très-proches, tels que père, mère, oncle ou tante; viennent les prendre, et que la sage-femme en chef se soit bien assurée que ces individus sont leurs parens.

Le portier remet, le lendemain des jours de sortie, à la sage-femme en chef les permis des élèves qui seroient rentrées passé les heures indiquées.

Il y a parloir tous les jours pour les élèves, depuis 8 heures du matin, jusqu'à 10, et depuis midi jusqu'à 3 heures; si les leçons ont lieu pendant ce temps, aucune élève ne peut s'absenter pour aller au parloir.

10

La surveillante veille à ce que tout s'y passe avec la décence convenable.

Les élèves qui manquent aux mesures d'ordre ci-dessus indiquées, ou qui négligent leur instruction ou leurs devoirs près des femmes en couche, sont pour la première fois réprimandées par la sage-femme en chef ; en cas de récidive, elles sont privées pour un temps, ou pour tout le cours, de la faculté de sortir ; et pour une faute plus grave, l'Agent de surveillance, averti par la sage-femme en chef, en donne avis à l'Administration qui en prévient les Préfets pour qu'ils retirent leurs élèves de l'école.

INSTRUCTION.

L'enseignement des élèves s'est progressivement étendu, à mesure que l'ordre s'est établi dans l'école, et que l'expérience a démontré la possibilité d'accroître les connoissances dont les sage-femmes pouvoient faire avec utilité l'application, dans l'exercice de leur état.

Le théorie et la pratique des Accouchemens.

La Vaccination.

La Phlébotomie, ou l'art de saigner.

L'étude des plantes usuelles.

Voilà les quatre branches d'instruction qu'elles peuvent acquérir dans cette maison, et qui sont sous la direction de l'accoucheur, du médecin et de la sage-femme en chef.

Théorie des Accouchemens.

L'accoucheur en chef, professeur d'accouchement, donne aux élèves deux leçons par semaine, les mercredi et samedi, d'une heure à trois heures.

La sage-femme en chef leur en donne deux et trois par jour.

Lorsque par une circonstance quelconque, la sage-femme en chef est dans l'impossibilité de faire une leçon, les élèves partagées en trois classes, se réunissent dans des salles séparées et sous la surveillance d'une élève ancienne désignée par elle ; là les élèves se livrent en silence à la lecture de leurs auteurs ; un accouchement qu'une élève auroit à faire, ou le soin qu'exigeroit une femme en couche, peuvent seuls la dispenser de s'y trouver.

La sage-femme en chef, la surveillante et l'Agent de surveillance, inspectent ces classes de temps à autre, pour voir si l'ordre prescrit s'y observe.

A la fin du cours, il est fait par l'Agent de surveillance et la sage-femme en chef, un rapport sur la manière plus ou moins exacte dont les élèves chargées de la direction des classes ont rempli leurs devoirs.

Indépendamment de ces classes, les élèves sont encore partagées en diverses sections pour la répétition des leçons de théorie ; une élève ancienne et instruite est chargée du soin de préparer ses compagnes à profiter avec plus d'avantage des leçons de leurs maîtres.

Pratique des Accouchemens.

Les devoirs des élèves à l'égard de la pratique des accouchemens, ont été décrits dans le chapitre qui traite des soins que reçoivent les femmes en couche.

Vaccine.

Aucun établissement en France ne peut donner des résultats plus certains en faveur de la vaccination, aucune institution n'offre plus de moyens, pour faciliter l'enseignement de cette pratique et propager le virus vaccin.

Des relations entre l'Hospice de la Maternité et celui qui a été formé pour l'innoculation de la vaccine, sont établies de manière à pouvoir entretenir ce dernier d'enfans bien portans, choisis par les médecins, et lui fournir le moyen de procurer sans cesse, dans les départemens, du virus vaccin.

Cette obligation si importante pour la France entière, et qui est imposée à l'Hospice de la Maternité, de pourvoir aux besoins toujours renaissans de l'hospice central de vaccine, avoit empêché de donner à la pratique de la vaccination dans l'école d'accouchement une organisation tellement bien ordonnée que toutes les élèves pussent avec certitude participer aux avantages de cette instruction, et cependant, telles sont les ressources que présente cette maison, que déjà beaucoup d'élèves ont profité de cet enseignement; que dans le département du Nord, l'un des plus populeux de l'Empire, trois élèves de l'école de la Maternité ont reçu publiquement des médailles ou des mentions honorables, pour s'être livrées avec zèle à la vaccination.

Mais aujourd'hui cette portion de l'enseignement a reçu par les soins de l'Administration une organisation positive.

Seize enfans abandonnés sont confiés à un même nombre de nourrices sédentaires; huit d'entr'eux sont vaccinés par une section de huit élèves, qui pendant les dix jours de l'effet de la vaccine viennent en observer les progrès; ces dix jours expirés, les huit autres enfans sont vaccinés par une autre section de huit élèves, les huit premiers enfans sont envoyés à la campagne, et leurs nourrices après un repos de vingt-quatre heures reçoivent de nouveaux enfans, qui dix jours après sont eux mêmes vaccinés.

Il résulte de cet ordre de choses, 1°. que la vaccination n'éprouve aucune interruption; 2°. que les enfans y trouvent le double avantage, et d'être vaccinés, et d'être préparés par un premier allaitement à supporter les fatigues du voyage.

Est-il un moyen plus sûr de parvenir à déraciner le préjugé que les gens de la campagne ont contre la vaccine; l'expérience, les conseils même des officiers de santé ne parviennent que lentement à le détruire, mais cette confiance qu'inspirera tout naturellement une sage-femme, qui le plus souvent se trouve parente ou alliée de presque tous les habitans de sa commune les amènera pas à pas et sans contrainte à faire jouir leurs enfans du bienfait de cette découverte.

Phlébotomie.

Les moyens d'instruction en cette partie sont moins abondans que dans toutes les autres ; l'Hospice de la Maternité renferme généralement peu de malades et l'on n'y saigne communément que les femmes enceintes, lorsque l'état de leur grossesse exige cette précaution.

La saignée demande d'ailleurs beaucoup d'attention et d'adresse, et ce n'est qu'avec les plus grandes précautions que les élèves sont dirigées dans cette pratique, néanmoins un assez grand nombre d'entr'elles y ont acquis cette instruction, et l'on continue à la leur procurer chaque fois que l'occasion s'en présente.

Connoissance des Plantes usuelles.

Toujours occupée des moyens d'amener l'école d'accouchement au dégré de perfection dont elle est susceptible, l'Administration a pensé qu'il pourroit être utile de donner aux élèves sage-femmes des idées générales sur les plantes qui sont employées pour les femmes selon les diverses incommodités qu'elles éprouvent le plus communément dans l'état de grossesse ou de couche ; ainsi l'Administration n'a pas entendu que ces élèves feroient un cours de botanique, mais que, se renfermant dans un cercle de 150 à 200 plantes, on pourroit leur apprendre à comparer les plantes fraîches, avec les plantes sèches, et leur en indiquer l'usage, ou par infusion, ou par décoction ; elle a pensé qu'il seroit très-avantageux pour les sage-femmes, de savoir distinguer ces plantes par-tout où elles les trouveroint, de les choisir avec plus de soin lorsqu'elles iroient en faire l'achat, et enfin de les conserver avec précaution parce qu'elles en apprécieroient mieux l'importance.

M. Chaussier a été consulté, et comme depuis long-tems il avoit conçu ce projet, il a lui même indiqué la nomenclature des plantes qui servent à l'instruction.

Un jardin pharmaceutique est établi dans l'Hospice, les plantes rangées par familles naturelles y sont cultivées avec soin.

Le pharmacien en chef est chargé de donner les leçons, sous la direction du médecin.

EXAMENS ET DIPLOMES.

A la fin de chaque année scholaire, les élèves sont examinées sur toutes les parties de leur art par un jury composé du médecin en chef, du chirurgien ordinaire, de l'accoucheur, et de deux commsisaires nommés, l'un par le Conseil général des Hospices, l'autre par l'école de médecine. Ce jury délivre une attestation d'aptitude aux élèves qu'il en a jugées dignes.

Sur ce certificat l'école de médecine délivre, dans la forme ordinaire et sans frais, des certificats de capacité.

Ces certificats, présentés aux jurys des départemens respectifs des élèves, sont changés contre des diplômes de sage-femme, sans examen et sans frais.

Il est essentiel d'observer à cet égard, que le diplôme délivré sans examen et sans frais est une faveur de plus que le Gouvernement a accordée à l'école de la Maternité.

DISTRIBUTION DE PRIX.

Lorsque le jury a terminé ses examens, il est fait une distribution publique de prix aux élèves qui se sont le plus distinguées.

L'Administration s'attache à donner à cette séance le plus de solennité possible ; elle désire que les élèves qui arrivent ou qui restent pour un cours suivant, trouvent dans les récompenses que reçoivent leurs compagnes, un stimulant pour se livrer avec zèle à l'étude.

Cette séance de distribution de prix est présidée, ou par son Excellence le Ministre de l'Intérieur, qui déjà est venu deux fois couronner les élèves, ou par M. le Préfet du Département de la Seine, ou par le Vice-Président du Conseil général d'Administration des Hospices.

Les prix qui se décernent sont de trois espèces.

1ª. Ceux accordés par le jury par suite des examens.

2º. Deux autres prix, l'un d'assiduité et de vigilance clinique (1), l'autre d'émulation, qui sont décernés concurremment par le médecin, l'accoucheur en chef et la sage-femme en chef.

3º. Et enfin un autre prix donné par l'Administration à celle des élèves qui a dirigé sa classe avec le plus de tenue et d'assiduité.

Les prix consistent en médailles d'or et d'argent, et dans le grand ouvrage de M. Baudelocque, en 2 volumes in-8º., reliés en veau et dorés sur tranche.

Cette séance, indépendamment de l'intérêt qu'elle inspire en voyant les efforts de jeunes personnes qui, arrivées à l'Hospice sans aucune instruction, vont rentrer dans leurs foyers et s'y faire remarquer par des titres d'honneur et des connoisances solides, est encore instructive pour les élèves elles-mêmes. Des discours sur l'importance de leurs devoirs, une description résumée de leurs travaux, des maladies qu'elles ont suivies, sur des méthodes nouvelles pour la guérison des maladies, sont encore pour elles de nouvelles leçons morales et une nouvelle source d'instruction.

M. Chaussier, qui ne néglige aucune des occasions propres à stimuler le zèle des sage-femmes, et qui, obligé chaque année de parcourir les départemens pour présider les

_____

(1) C'est-à-dire auprès des malades et des femmes en couche.

jurys de médecine, se trouve plus à portée que qui que ce soit de reconnoître les avantages que procure dans un canton une sage-femme prudente et instruite, ne manque jamais dans ses discours de clôture de retracer quelques faits intéressans et honorables pour l'école d'accouchement.

Dans le discours qu'il a prononcé à la séance du 29 juin 1807, il s'exprime ainsi :

« L'école d'accouchement établie dans cet Hospice, voit tous les ans sortir de son sein » des élèves qui par leur dextérité, la solidité de leurs connoissances, la circonspection » dans leur pratique, sont dignes du beau titre de sage-femmes et savent l'honorer par » leur conduite. Rentrées dans leurs départemens, ces élèves s'y font bientôt distinguer » de cette foule de femmes ignorantes, de gens hardis, qui s'arrogent l'exercice d'un » art dont ils connoissent à peine les premiers élémens, et qui n'ont d'autre titre à la » confiance publique que leurs prétentions, leur jactance, les préjugés du peuple, et une » habitude irréfléchie plus ou mois ancienne qu'ils décorent du nom d'expérience. A » Tingy, près Auxerre, dans un accouchement laborieux, où par des tractions indiscrettes » sur le corps de l'enfant, on avoit occasionné le décollement et laissé la tête dans l'utérus ; » nous avons vu une élève de la Maternité appelée pour remédier à ce cas, repousser avec » indignation les tenailles, les ferremens que l'ignorance venoit de forger chez un » maréchal, et procurer la sortie spontanée de cette tête, par le simple usage d'un bain » tiède et de quelques relâchans propres à faire cesser la rigidité, le spasme de l'utérus. » Ailleurs, nous avons vu une autre élève de la Maternité s'opposer courageusement à la » mutilation d'un enfant qui présentoit le bras, et bientôt l'amener vivant en allant » chercher les pieds : dans d'autres endroits, nous avons vu des élèves arrêter des hémor- » ragies utérines qui menaçoient d'une mort prochaine ; ramener à la vie des enfans » que l'on abandonnoit sans secours, parce qu'ils naissoient dans un état de mort » apparente ; enfin à Caen, à Troyes, à Laon, partout où nous nous sommes arrêtés nous » avons généralement vu et malgré les clameurs de l'envie et des prétentions, les élèves » de la Maternité obtenir l'estime, la confiance publique, et la mériter par leur attention » à observer la nature, à l'aider constamment, et à ne la violenter jamais. »

Les procès-verbaux des séances de distribution de prix sont imprimés et distribués aux premières autorités, à MM. les Préfets et à toutes les élèves.

COMPTABILITÉ DES PENSIONS.

La pension des élèves sage-femmes est fixée à 600 francs par année. Elle est payée par MM. les Préfets et les commissions administratives d'hospices, entre les mains du receveur général.

Il est tenu à la maison une comptabilité particulière pour les frais de livres et de voyage alloués aux élèves, et pour toutes les autres sommes qu'elles doivent à la bienveillance des autorités par lesquelles elles ont été choisies.

Suit le tableau de la situation de l'école d'accouchement, relativement au nombre des élèves admises jusqu'au 1er. janvier 1808, de celles qui ont été reçues sage-femmes, et de celles existantes à l'Hospice au 1er. avril de la même année.

TABLEAU des Élèves Sage-Femmes envoyées à l'Ecole d'Accouchement établie à

DÉPARTEMENS.	Total des élèves Sage-Femmes				DÉPARTEMENS.	Total des élèves Sage-Femmes			
	Reçues depuis le 1er nivose an 11 jusqu'au 1er avril 1808	Reçues sage-fem pendant cet espace de temps.	Non Reçues sorties ou décédées	Existan à l'Hospice le 1er avril 1808.		Reçues depuis le 1er nivose an 11 jusqu'au 1er avril 1808	Reçues sage-fem pendant cet espace de temps.	Non reçues sorties ou décédées	Existan à l'hospice le 1er avril 1808.
					Report....	138	90	6	42
Ain..................	5	»	»	5	Escaut Comm. de Grammont	1	»	»	1
Aisne	14	11	»	3	— Comm. d'Audenarde...	1	»	»	1
—Commiss de hosp. de Laon	1	»	»	1	Eure —— de Louviers....	1	»	»	1
— ——de St-Quentin....	1	»	»	1	Eure et Loir............	1	1	»	»
— ——de Château-Thierry.	1	»	»	1	Forêts................	5	5	»	»
Allier...............	10	7	1	2	Gard.................	11	8	»	5
Alpes (hautes)...........	5	5	»	»	— Comm. de Beaucaire....	1	»	»	1
Ardèche..............	4	1	1	2	Garonne (haute)..........	1	»	»	1
Ardennes..............	13	9	»	4	Gers.................	3	1	»	2
Arriège..............	1	»	1	»	— Commission d'Auch....	1	»	»	1
Aube	6	4	»	2	Gironde...............	1	1	»	»
Bouches-du-Rhône........	4	2	1	1	Hérault...............	2	2	»	»
—Commission de Marseille.	1	»	»	1	Indre.................	10	10	»	»
— ——d'Arles.........	1	»	»	1	Indre et Loire..........	3	2	1	»
— ——de Tarascon.....	1	»	»	1	Jemmape.............	13	10	»	3
Calvados.............	5	4	»	1	Loire et Cher..........	12	8	1	3
Cantal...............	7	5	1	1	Loire.................	4	3	»	1
Charente..............	4	4	»	»	Loire (haute)............	4	2	»	2
Charente (inférieure)......	2	2	»	»	Loiret.................	2	2	»	»
Cher................	6	6	»	»	— Comm d'Orléans......	1	»	»	1
Corrèze..............	7	5	1	1	Lot et Garonne..........	15	13	1	2
Côtes-du-Nord..........	6	»	»	6	Maine et Loire Com. d'Anger	1	»	»	1
Creuze...............	9	7	»	2	Manche................	14	5	1	8
Dordogne.............	8	4	»	4	— Comm. d'Avranches....	1	»	»	1
Doubs...............	2	2	»	»	Meurthe Com. de Nancy...	1	»	»	1
Drôme...............	14	12	»	2	Meuse.................	2	1	1	»
A reporter........	138	90	6	42	A reporter.....	248	162	10	76

l'Hospice de la Maternité, depuis le premier Nivose an 11, jusqu'au premier Avril 1808.

DÉPARTEMENS.	Reçues depuis le 1er. nivose an 11 jusqu'au 1er avril 1808	Reçues sage-fem pendant cet espace de tems	Non reçues sorties ou décédées	Existan à l'hospice le 1er avril 1808	DÉPARTEMENS.	Reçues depuis le 1er. nivose an 11 jusqu'au 1er avril 1808	Reçues sage fem pendant cet espace de temps	Non reçues sorties ou décédées	Existan. à l'hospice le 1er. avril 1808.
Report......	248	162	10	76	Report........	403	263	14	126
Mont-Blanc............	7	6	»	1	— Comm. de Vesoul......	1	»	1	»
Morbihan..............	3	3	»	»	Saône et Loire...........	1	1	»	»
Nord..........	79	54	3	22	Sarthe................	6	5	1	»
— Commission de Lille....	1	»	»	1	Seine	32	25	1	6
— — d'Armentières....	1	»	»	1	Seine inférieure...........	2	2	»	»
— — de Dunkerque....	1	»	»	1	— Comm. du Havre......	1	»	»	1
— — de Douai........	1	»	»	1	Seine et Oise.............	1	»	1	»
— — de Valenciennes..	1	»	»	1	— Com. de Pontoise.......	1	»	»	1
— — de Cambrai.....	1	»	»	1	— de Versailles..........	1	»	»	1
Nièvre................	10	10	»	»	Seine et Marne..........	7	2	»	5
Oise..................	1	»	»	1	— Com. bienf. de Mormant.	1	»	»	1
Orne..................	7	5	»	2	— — de Nangis........	1	»	»	1
Ourthe................	1	»	»	1	— Com. des hosp. de Provins	1	»	»	1
— Comm. de Verviers.....	1	»	»	1	— — de Meaux........	1	»	»	1
Pas-de-Calais............	7	5	»	2	Sèvres (deux)............	4	4	»	»
— Commission d'Aire.....	1	»	»	1	Somme................	6	4	»	2
— — de Saint-Omer....	1	»	»	1	— Com. d'Amiens.......	1	»	»	1
— — d'Arras.........	1	»	»	1	— — de Péronne......	1	»	«	1
— — de Boulogne......	1	»	»	1	— — d'Abbeville.......	1	»	»	1
Puy-de-Dôme............	12	9	1	2	Tarn.................	6	6	»	»
Pyrennées (hautes)........	1	1	»	»	Vendée...............	6	3	»	3
Rhône.................	1	»	»	1	Vienne...............	3	3	»	»
Rcër Com. d'Aix-la-Chapell	2	1	»	1	— Commission de Poitiers..	1	»	»	1
Sambre et Meuse.........	10	5	»	5	Vienne...............	1	1	»	»
— Comm. de Namur......	1	»	»	1	Yonne.т...............	1	1	»	»
Saône (haute)............	2	2	»	»	Elèves à leurs frais........	57	47	4	6
A reporter....	403	263	14	126	TOTAL......	548	367	22	159

POPULATION ET MOUVEMENT

Des individus de toutes classes qui habitent les deux sections de l'Etablissement.

OBSERVATIONS SUR L'IMPORTANCE DU MOUVEMENT.

Il est reconnu que le mouvement d'un hopital est la base sur laquelle reposent toutes ses dépenses; que de son exactitude dépend celle de ces mêmes dépenses, et qu'il est très-important en conséquence qu'il ne se glisse aucune erreur dans le calcul des journées des individus qui y donnent lieu.

Il n'est peut être point d'établissement qui présente un mouvement plus compliqué que celui de cet Hospice, et pour lequel les calculs se portent sur plus de cinquante subdivisions d'individus dont les mutations sont très-rapides, ainsi qu'on le verra dans le modèle des Mouvemens adressés chaque mois à l'Administration.

Il a donc fallu que les moyens de s'assurer de son exactitude fussent proportionnés aux difficultés qu'il présentoit, et que l'Administration fût toujours à portée de vérifier si les individus reçus, et portés sur le mouvement qu'on lui adresse l'avoient été conformément aux réglemens, et si l'on ne portoit point un nombre d'individus plus grand que celui des personnes qui doivent réellement donner lieu à la dépense.

On ne comprend dans l'état des journées que le jour de l'entrée; jamais celui de la sortie ou du décès n'y est porté. Il se compose du restant au soir.

POPULATION POUR UNE ANNÉE.

On reçoit annuellement à cet Hospice de 11 à 12,000 personnes, enfans ou adultes. La population journalière est de 4 à 500.

Le mouvement, qui embrasse 33 entrées par jour, et à peu près autant de sorties, se compose de 8 classes distinctes d'individus qui, (pendant l'année 1807, par exemple) ont présenté les résultats suivans, pour les deux sections d'Allaitement et d'Accouchement.

POPULATION POUR L'ANNÉE 1807.

DÉSIGNATION des classes D'INDIVIDUS.	Nombre d'individus reçus				Population ou nombre de journées			
	Dans l'Année.		Par jour		Par An		Par jour	
	Allaitement	Accouche.	Allait.	Accouc.	Allaitement,	Accouchement	Allaitem.	Accouche-
Enfans abandonnés. { Reçus de la ville 2277 / Des départemens 548 / De la maison d'accouchement. . 149 } 42 '4 / { Revenus de la vaccine. . . . 113 / — de nourrice. . 13 / — de l'hopital des vénériens . . 15 / — de St-Louis 3 } 144	4378	»	12	»	15901	»	44	»
Enfans reçus momentanément à la crèche en attendant que leurs mères ayent fait leurs couches. .	11	»	»	»	164	»	»	»
Femmes. { Enceintes	963	880	3.	2	29155	8202	80	22
En couche.	»	6	»	»	»	13087	»	36
Enf. nés des femmes accouchées	»	1625	»	5	»	2864	»	8
Nourrices sédentaires.	44	»	»	»	7295	»	20	»
Enfans à ces nourrices.	42	»	»	»	6974	»	19	»
Nourr. de campagne et meneurs.	3875	»	11	»	18326	»	50	»
Employés et gens de service. . .	19	11	»	»	23262	11486	64	31
	9312	2502	26	7	101077	35639	277	97
	11834		33		136716		374	
Elèves sage-femmes.	157		»		37810		104	
	11991		33		174526		478	

Chacune de ces classes se trouve subdivisée dans les états journaliers qu'on dresse , suivant les différences que présente le régime alimentaire , dont l'indication a été donnée pour chaque classe.

Après avoir expliqué de quels élémens généraux se compose le mouvement de cet Hospice , c'est-à-dire des huit classes d'individus désignés dans le tableau ci-contre , il convient d'indiquer de quelle manière on procède pour éviter toute erreur dans la composition de ce mouvement , et comment on opère à l'égard de la subdivision de ces diverses classes.

Pièces nécessaires pour la composition du mouvement.

Les deux sections de l'Hospice sont divisées en dix emplois , dirigés, comme on l'a dit , chacun par une surveillante.

Chaque jour les surveillantes remplissent un rôle dans lequel elles font mention du numéro de l'individu entré ou sorti , ou passé dans un autre emploi, ou décédé, et donnent sur ces rôles le nombre des personnes restantes le matin résultant du mouvement particulier qui a eu lieu la veille dans leur emploi.

MODÈLE DE ROLE.

Rôle du   *an*

	Surveil'ante..	
	Fille de service.....................................	
	Nourrices sédentaires............................	
	——— A un enfant de l'Hospice et un a elles..............	
	——— A deux enfans de l'Hospice......................	
	——— A un enfant à elles.............................	
	Enfans de l'Hospice , au-dessous de 6 mois...... 1....	Garçons Filles..
	——— Au-dessus de 6 mois..................	Garçons. Filles...
RESTANT le **SOIR.**	——— Sevrés.............................	Garçons. Filles...
	Enfans aux nourrices sédentaires au-dessous de 6 mois.	Garçons. Filles...
	——— Au-dessus de 6 mois.................	Garçons. Filles ..
	——— Sevrés.............................	Garçons. Filles...
	Nourrices de campagne........ { Pendant leur séjour....... / En extraordinaire.........	
	Meneurs ou sous-meneurs...... { Pendant leur séjour....... / En extraordinaire.......	
	Sous- meneuses............. { Pendant leur séjour....... / En extraordinaire.........	
	Certifié véritable.	

NOTA. Ce rôle se trouve divisé au dos en trois parties ; Entrées , Mutation , et Sorties , Décès.

En faisant l'application de ce rôle à ceux des neuf autres emplois, et en substituant aux dénominations ci-contre les noms des individus d'autres classes que l'on y reçoit, et que l'on verra ci-après dans la feuille de Mouvement des deux sections de l'Hospice, qui est remise chaque jour à l'Econome, on aura une idée juste de la manière dont tous ces rôles sont remplis par les surveillantes.

Il y a un rôle particulier pour tous les employés et hommes de peine, qui n'appartiennent à aucun emploi.

On a vu qu'au bureau des départs, et au moment de la délivrance d'une bulle à chaque nourrice, on inscrivoit sur le certificat quelle avoit apporté pour être reçue, le nom de l'enfant qui lui étoit confié, ainsi que son numéro.

Que tous les jours l'élève en médecine, après avoir constaté la mort d'un enfant ou d'une femme devoit en instruire le Préposé à l'état civil.

Les portiers, ainsi qu'on le verra, ne laissent sortir de la maison aucun individu qu'il ne soit porteur d'un laissez-passer, signé par la surveillante de l'emploi respectif, ou de l'Agent de surveillance.

Chaque matin à 9 heures, les surveillantes envoyent au bureau du mouvement leur rôle, qui contient tout ce qui s'est passé la veille.

A la même heure, le Préposé à la réception et à l'état civil, envoye au même bureau huit feuilles journalières et nominatives, distinguées par classes, des individus qu'il a reçus la veille, avec indication du numéro et du nom de l'enfant, ou adulte décédé.

L'employé au bureau des départs fait passer les certificats, réunis par meneur, de toutes les nourrices qui ont emmené des enfans à la campagne.

Enfin les portiers remettent les laissez-passer de toutes les personnes sorties définitivement la veille.

Vérification de ces pièces.

Tous ces élémens réunis, on procède à la vérification des rôles.

On s'assure si les *restans* au matin, augmentés des *entrés* dans le jour, et le total qui en résulte diminué du nombre des sorties, ou décès, est égal au *restant* au soir que chaque surveillante porte sur son rôle.

On vérifie après si les personnes qui sont portées *entrées* sur les feuilles nominatives et journalières du Préposé à la réception, sont accusées *reçues* sur les rôles des différens emplois dans lesquels elles ont pu être envoyées; si les noms et les numéros des enfans partis pour la campagne, des individus sortis, ou décédés, correspondent à ceux portés sur les certificats des nourrices envoyées par le bureau des départs, sur les laissez-passer remis par les portiers, et certificats de visite du chirurgien attestant les décès.

FORMATION DU MOUVEMENT.

Mouvement restant au Bureau.

Ces vérifications faites, on porte au bas des feuilles nominatives envoyées par le Préposé à la réception, les numéros et les noms des personnes sorties ou décédées, et l'on dresse ensuite pour rester au bureau, un premier mouvement dans la forme suivante.

MOUVEMENT RESTANT AU BUREAU.

Restant le Matin.	Entrés dans la journée.	TOTAL.	Sortis.	Mis en nourrice.	Décédés.	TOTAL des Sortis.	Restant le Soir.

Pour chacune des huit classes d'individus déjà mentionnés.

Le total de chaque classe résultant des restans le matin et des entrées dans le jour, diminué du nombre des sortis, mis en nourrice ou décédés, doit être le même que celui que présente l'addition des divers restans le soir d'individus de même classe placés dans les différens emplois. Ce mouvement a pour objet de fixer la masse d'individus existans chaque jour et d'après lequel chaque classe sera subdivisée.

Contrôles nominatifs pour toutes les classes d'individus.

Il est tenu un contrôle séparé pour chacune des huit classes ; il est distingué par sexe pour les enfans. On inscrit chaque jour les numéros et les noms de personnes entrées, et l'on défalque ceux des personnes sorties ou décédées. Le but de ces contrôles est de présenter chaque jour le mouvement nominatif à côté du mouvement numératif, de s'assurer si les individus sortis ou décédés sont les mêmes que ceux entrés, d'aider à faire des recensemens, ou appels nominaux dans les salles, dans le cas où il se trouveroit quelque différence entre les mouvemens des emplois et ceux des bureaux; et enfin de pouvoir justifier à l'Administration que le nombre d'individus porté sur les états de journées n'excède pas celui des personnes qui habitent réellement l'Etablissement.

Le contrôle des nourrices de campagne est dressé par ordre alphabétique dans la forme qui suit.

Date du départ.	Noms et Prénoms		Résidence.	Enfans.					Observat.
	des Nourrices.	de leurs Maris		Leur Numéro.	Leurs noms et prénoms.	Leur Age.	A.lait.	Sevrés.	

Ce contrôle a l'avantage de fournir au Préposé à la réception le moyen de reconnoître celles de ces femmes qui se seroient déjà présentées, et dont l'enfant qui lui a été confié, auroit moins de neuf mois.

Mouvement journalier pour l'Administration.

La validité du mouvement étant bien assurée par ces moyens de contrôle, il est dressé, pour chacune des deux sections de l'Hospice, un feuille ayant pour titre:

Mouvement de population de l'Hospice de la Maternité, du

Effetif du jour précédent			Augmentation par admission dans le jour.			Effectif dans le jour.			Diminution dans le jour						Total des sortis et des décès.			Effectif à la fin du jour.		
									par Sortie.			par Décès.								
Homm	Femm.	Total.	Homm	Femm.	Total.	Homm	Femm.	Total.	Homm	Femm.	Total.	Homm	Femm.	Total.	Homm	Femm.	Total.	Homm	Femm.	Total.

Chaque matin ces feuilles sont transmises à l'Administration, qui, en en recevant une pareille des autres Hopitaux, peut elle-même rendre compte chaque jour aux autorités supérieures, de la population de tous les Hospices, ou Hopitaux dont la surveillance lui est confiée.

Mouvement pour l'Econome, subdivisé suivant les diverses classes de régime.

Passant ensuite aux subdivisions des diverses classes, la dépense des alimens ne pouvant être établie que sur le nombre des individus qui doivent consommer chaque jour, il est transmis tous les matins à l'Econome, qui est chargé de cette dépense, un état du nombre des journées de chaque classe pour laquelle il est attribué un régime particulier.

Ces états de journées forment la base de la comptabilité de l'Econome , de laquelle il sera parlé dans un chapitre subséquent.

Ils sont divisés pour les sections d'Allaitement et d'Accouchement , et conformément aux modèles ci-après.

Ces modèles contiennent, 1º. l'état du nombre des journées du 1ᵉʳ. janvier 1808, qui étoit un jour maigre , avec l'état récapitulatif des 31 feuilles journalières qui ont été remises à l'Econome pendant ce mois.

2º. L'état du nombre des journées du 2 janvier , jour gras.

En présentant ainsi la population de ces deux journées , et celle du mois , on a voulu faciliter les moyens de faire voir à l'article de la comptabilité des vivres , de quelle manière l'Econome procède à la rédaction de ses feuilles journalières de consommation , et comment il rend compte à l'Administration de ses recettes et dépenses par mois. Les rapprochemens qu'on pourra établir entre la population portée sur les feuilles remises chaque jour et chaque mois à l'Econome , et celle présentée sur ses états de consommation d'après le régime de chaque classe , indiqueront facilement qu'il y a des bases infaillibles pour vérifier et contrôler la dépense des vivres.

SECTION D'ALLAITEMENT.

ÉTAT du nombre des journées du 1er. janvier 1808, correspondant à la feuille de consommation des vivres du même jour, faite par l'Économe. (*jour maigre*).	Feuille récapitulative des 31 journées de janvier, remise chaque mois à l'Économe, servant à constater la dépense du compte du mois qu'il adresse à l'Administration.

Enfans Abandonnés.	À la crèche.	Garçons	Au-dessous de 6 mois.. 16 }17	}32	}38	529	}1527
			Au-dessus de six mois... »			»	
			Sevrés............... 1			40	
		Filles..	Au-dessous de 6 mois.. 14 }15			601	
			Au-dessus de 6 mois... »			»	
			Sevrées............... 1			42	
	Entre les mains des nourrices sédentaires.	Garçons	Au-dessous de 6 mois... 3 }3	}6		162	
			Au-dessus de 6 mois.... »			»	
			Sevrés............... »			153	
		Filles..	Au-dessous de 6 mois... 3 }3			»	
			Au-dessus de 6 mois... »			»	
			Sevrées............... »				
Nourr. sédent.	À deux enfans............ 12 }25					415	}760
	À un enfant.............. 13					343	
Enfans appartenans aux nourrices sédentaires......	Garçons	Au-dessous de 6 mois... »	}16	}25		»	}748
		Au-dessus de 6 mois... 16				486	
		Sevrés............... »				»	
	Filles..	Au-dessous de 6 mois... »	}9			»	
		Au-dessus de 6 mois.... 9				262	
		Sevrées............... »				»	
Nourrices de Campagne.	Pendant leur séjour............ 31 }31					588	}929
	En extraordinaire............ »					341	
	Le jour du départ..... Des nourrices......... 3					261	
	Des Sevrés..........					18	
Meneurs............ 2						.....	59
Employés....	Hommes de peine et Portiers............ 7	}56				217	}1748
	Chapelain............ 1					31	
	Employés des bureaux............ 3					95	
	Surveillantes............ 7					217	
	Berceuses......... de jour............ 22					689	
	de nuit............ 6					186	
	Filles de service............ 9					279	
	Cuisinier............ 1					31	
TOTAL des journées à la charge du Gouvernement...... 177							5766
Pensionnaires à l'Allaitement à la charge du Département.	Femmes enceintes............ 89	}113				3034	}3226
	Surveillantes............ 2					62	
	Filles de service............ 2					62	
	Élèves sage-femmes (*)............ 20					68	
TOTAL des journées de la section d'Allaitement........ 290						.....	8992

(*) NOTA. Le 31 décembre 1807 ou le 1er. janvier 1808 étant à cette époque la fin et le renouvellement d'un cours, les élèves qui se sont présentées pour suivre le nouveau, ont été logées et nourries à la section d'Allaitement, en attendant que celles qui venoient de terminer leur cours leur fissent place à la section d'Accouchement.

SECTION D'ACCOUCHEMENT.

ETAT du nombre des journées du 1er. janvier 1808, correspondant à la feuille de consommation de vivres du même jour, faite par l'Econome, (*jour maig.*)	Feuille récapitulative des 31 journées de janvier, remise chaque mois à l'Econome, servant à constater la dépense du compte du mois qu'il adresse à l'Administration.

Femmes............	Enceintes.................................. 23		} 46	793 / 398 / 323 / 376	} 1890
	En couche.......... { 5 1ers. jours... 6 / 4e, 5e. et 6e. j. 8 / jours suivans.. 9 } 23				
Enfans aux Accouchées.	Au-dessous de 6 mois.. { Garçons......... 3 / Filles............ 4 } 7			136 / 153 } 289	
Employés............	Agent de surveillance................. 1			31	
	Econome........................... 1			31	
	Sage-Femme en chef................... 1			31	
	Femmes des Agent et Econome........ 2 } 11			62	
	Enfans desdits........................ 3			93	
	Employés des bureaux.............. »			16	} 1008
	Surveillantes...................... 3 } 32			93	
	Filles de service.. { de jour............. 13 / de nuit............ 3 } 21			403 / 93	
	Cuisinier.................... 1			31	
	Hommes de peine et portiers.......... 4			124	
	TOTAL des journées à la charge du Départem. 85			3087	
A la charge du Gouvern.	Elèves Sage-Femmes............................. 114			4685	
	TOTAL des journées de la section d'Accouchem......... 199			7872	
Pour mémoire........	Pensionnaires à l'Allaitement. { Femmes enceintes......... 89 / Surveillantes.............. 2 / Filles de service........... 2 / Elèves Sage-Femmes....... 20 } 113			3034 / 62 / 62 / 63	} 5226

SECTION D'ALLAITEMENT.

ÉTAT du nombre des journées du 2 janvier 1808, correspondant à la feuille de consommation de vivres du même jour, faite par l'Econome. (*jour gras.*)

Enfans Abandonnés.	A la crèche.	Garçons.	Au-dessous de 6 mois . . . 19		20	
			Au-dessus de 6 mois . . . »			
			Sevrés 1			38
		Filles. . .	Au-dessous de 6 mois . . . 17		18	
			Au-dessus de 6 mois. . . . »			
			Sevrées 1			43
	Entre les mains des Nourrices sédentaires.	Garçons.	Au-dessous de 6 mois . . . 3		3	
			Au-dessus de 6 mois . . . »			
			Sevrés . . . . »			7
		Filles. . .	Au-dessous de 6 mois . . . 4		4	
			Au-dessus de 6 mois. . . . »			
			Sevrées. . . . . »			
Nourrices sédentaires. .	A deux enfans 12					24
	A un enfant 12					
Enfans appartenans aux Nourrices sédentaires.		Garçons.	Au-dessous de 6 mois. . . . »		15	24
			Au-dessus de 6 mois. . . . 15			
			Sevrés . . . . »			
		Filles. . .	Au-dessous de 6 mois. . . . »		9	
			Au-dessus de 6 mois . . . 9			
			Sevrées. . . . . »			
Nourrices de campagne. .	Pendant leur séjour 8					28
	En extraordinaire 20					
	Le jour du départ	Nourrices 3				
		Sevrés . . . . »				
Meneurs						2
Employés.	Hommes de peine et portier 7					
	Chapelain 1					
	Employés des bureaux 3					
	Surveillantes 7					56
	Berceuses .	de jour. 22				
		de nuit 6				
	Filles de service. 9					
	Cuisinier. 1					
	TOTAL des journées à la charge du Gouvernement					179
Pensionnaires à l'Allaitem. à la charge du Département.	Femmes enceintes 88					
	Surveillantes 2					115
	Filles de service 2					
	Élèves Sage-Femmes 23					
	TOTAL des journées de la section d'Allaitement					294

SECTION D'ACCOUCHEMENT.

ETAT du nombre des journées du 2 janvier 1808, correspondant à la feuille de consommation de vivres du même jour, faite par l'Econome. (*jour gras*).

Femmes.	Enceintes 18			} 48
	En couche .... { 5 premiers jours ...... 9 / 4e., 5e. et 6e. jours..... 9 / Jours suivans. .... 12 } 30			
Enfans aux Accouchées.	Au-dessus de 6 mois ... { Garçons .... 2 / Filles................. 2 } 4			
Employés.	Agent de surveillance .... 1 / Econome .... 1 / Sage-Femme en chef .... 1 / Femmes des Agent et Econome .... 2 / Enfans desdits .... 3 / Employés des bureaux .... » / Surveillantes. .... 3 } 11			} 32
	Filles de service. ..... { de jour........... 13 / de nuit........... 3 } 21 / Cuisinier .... 1 / Hommes de peine et portiers 4			
A la charge du Gouvernement . . .	TOTAL des journées à la charge du Département .... 84 / Elèves Sage-Femmes. .... 116 / TOTAL des journées de la section d'Accouchement. 200			
Pour mémoire .... {	Pensionnaires à l'Allaitement.	Femmes enceintes .... 88 / Surveillantes. .... 2 / Filles de service. .... 2 / Elèves Sage-Femmes. .... 25 } 115		

Ces deux sections de l'Hospice ayant chacune un budget distinct, puisque, ainsi qu'il a été dit plus haut, l'une est à la charge du Gouvernement, et l'autre à celle du département, on a eu soin d'isoler le nombre de journées que présentent les femmes enceintes à l'Allaitement, afin de pouvoir justifier de la dépense qu'elles auroient occasionnée, de s'en faire rembourser le prix de journée, et d'établir ainsi le montant de la dépense à la charge du département.

Quant aux élèves sage-femmes, leur dépense doit être prise sur le produit de leurs pensions acquittées par les autorités qui les envoient : le nombre de leurs journées est également isolé sur ces feuilles.

MOUVEMENT DE MOIS POUR L'ADMINISTRATION.

Il est ensuite dressé et transmis à l'Administration, tous les mois, sept feuilles de mouvement journalier : une copie de ce mouvement reste à l'Hospice, pour servir à donner aux autorités tous les renseignemens qu'elles pourroient demander.

C'est au moyen de ces feuilles que l'on peut vérifier les états de consommation que l'Econome envoie aussi tous les mois, et sur lesquels il a porté le nombre des journées dont l'état lui est remis chaque matin.

Chacune de ces feuilles est rédigée pour le mois de janvier 1808, conformément aux modèles ci-après; elles ne présentent que la récapitulation résultante de l'addition de 31 jours.

Quantièmes.	EXISTANS LE MATIN.												TOTAL au Matin.	ENTRES.						
	A LA CRECHE.						Entre les mains des nourrices sédentaires.							Dehors Paris.		De Paris.		de la Maison d'Accouch.		T
	Garçons.			Filles.			Garçons.			Filles.										E
	Au-dessous de 6 m.	Au-dessus de 6 m.	Sevrés.	Au-dessous de 6 m.	Au-dessus de 6 m.	Sevrés.	Au-dessous de 6 m.	Au-dessus de 6 m.	Sevrés.	Au-dessous de 6 m.	Au-dessus de 6 m.	Sevrés.		Garçon.	Filles.	Garçon.	Filles.	Garçon.	Filles.	
Janvier 31 jours.	528	»	39	589	»	42	159	»	»	151	»	»	1508	35	29	98	110	52	67	

NOURRICES SÉDENT

Quantièmes.	EXISTANS LE MATIN.								TOTAL au matin.	ENTRÉS				TOTAL des Entrés.
	Nourrices sédentaires.		Enfans appartenans aux nourrices.							Nourrices sédentaires		Enfans apparten. aux nourrices sédentaires.		
			Garçons.			Filles.								
	à 2 Enf.	à 1 Enf.	Au-dessous de 6 m.	Au-dessus de 6 mois	Sevrés.	Au-dessous de 6 mois	Au-dessus de 6 mois	Sevrés.		Du dehors.	De la maison d'Accou	Garçons.	Filles.	
Janvier 31 jours.	413	345	»	485	»	»	262	»	1505	1	3	2	2	8

NOURRICES DE CAMP

Quantièmes.	EXISTANS LE MATIN.				TOTAL au matin	ENTRÉS.			TOTAL des Entrés	80
	Nourr. de campag.		Meneurs	Sous-Meneurs		Nourric. de campag.	Meneurs	Sous-Meneurs		Nourric de campag
	pendant leur séjour.	le jour de leur départ.								M
Janvier 31 jours.	606	341	60	»	1007	263	17	»	280	281

JOURN

Quantièmes.	Chapelain.	Employés des Bureaux.	Surveillantes		Sous-Survei
			Allaitement	Accouchem	Allaitement
Janvier 31 jours.	31	93	217	62	»

AITEMENT.

S ABANDONNÉS.

rtis.	Mis en nourrice.		MORTS.				RESTANS AU SOIR.													TOTAL général
			A la crèche		Entre les main des nourrices sédentaires.		À LA CRÈCHE.						Entre les mains des nourrices sédentaires							
							Garçons.			Filles.			Garçons.			Filles.				
Filles	Garçon	Filles	Garçon	Filles	Garçon	Filles	Au dessous de 6 m.	Au dessus de 6 m.	Sevrés	Au dessous de 6 m.	Au dessus de 6 m.	Sevrés	Au dessous de 6 m.	Au dessus de 6 m.	Sevrés	Au dessous de 6 m.	Au dessus de 6 m.	Sevrés	
8	145	160	26	24	1	»	529	»	40	601	»	42	162	»	»	153	»	»	1527

ET LEURS ENFANS.

TIS.		MORTS.			TOTAL des Sortis et Morts.	RESTANS LE SOIR									TOTAL général.
						Nourrices sédentaires.		Enfans appartenans aux nourrices.							
		Nourric. sédent.	Enfans apparten. aux nourrices sédentaires.					Garço .			Filles.				
ons	Fil es.		Garçons	Filles.		à 2 Enf	à 1 Enf	Au dessous de 6 mois	Au dessus de 6 mois	Sevrés	Au dessous de 6 mois	Au dessus de 6 mois	Sevrées.		
1	»	»	»	2	5	415	345	»	486	»	»	262	»		1508

MENEURS ET SOUS-MENEURS.

	MORTS.		TOTAL des Sortis et Morts.	RESTANS LE SOIR				TOTAL général	Départs des	
Nourric de campag.	Meneurs	Sous-Meneurs		Nourr. de campag		Meneurs	Sous-Meneurs		Nourric	Enfans sevrés.
				pendant leur séjour	En extraor- dinaire.					
»	»	»	299	588	341	59	»	988	261	18

S EMPLOYÉS.

Berceuses.		Filles de service.		Cuisinier.	Hommes de peine et portiers	TOTAL des journées.
ur.	De nuit	Allaitement	Accouchem			
89	186	279	62	31	217	1867

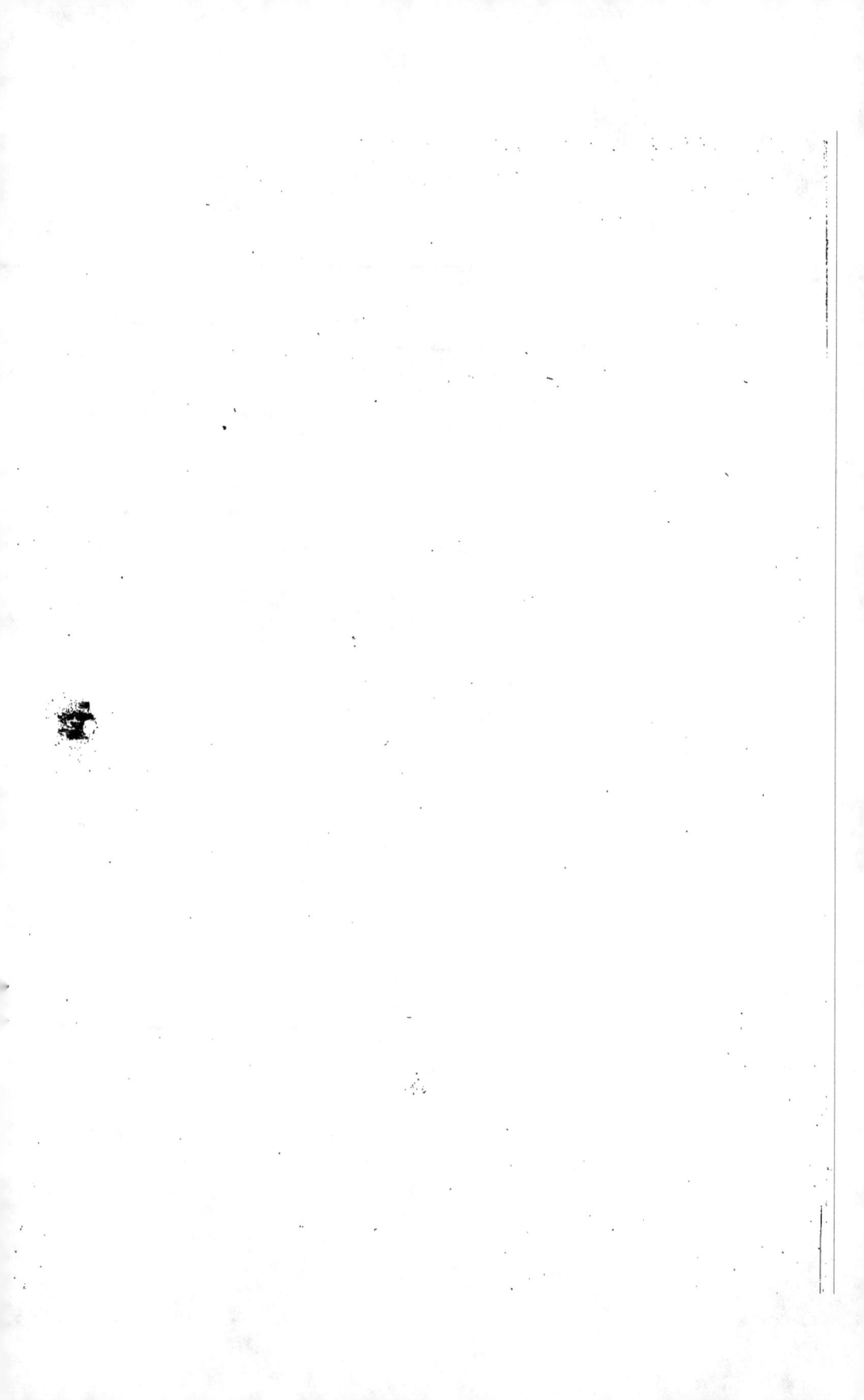

FEMMES ENCEINTES

Quantièmes.	EXISTANS LE MATIN.							TOTAL au matin.	ENTRÉS.				TOTAL des Entrés.	SOR	
	Femmes					Enfans au-dessous de 6 mois.			Femmes.	Enfans.				Femmes.	
	Enceintes.		En couche.												
	à l'Allaite.	à l'Accouc.	3 1ers. Jours.	4e., 5e., 6e. jour	Jours suivans.	Garçons.	Filles.				Garçons.	Filles.			Garç
Janvier 31 jours.	3035	784	389	508	369	136	147	5168	163	66	79	508	12		

ÉLÈV

Quantièmes.	Existantes le matin.	Entrées.	TOTAL.
Janvier 31 jours.	4724	38	4762

JOURNÉES

Quantièmes.	Agent de surveillance et Econome.	Sage-Femm en chef et Femmes d'Agent et Econome.	Enfans.	Employés des Bureaux.	Surveillant
Janvier 31 jours.	62	93	93	16	93

OUCHEMENT.

COUCHE ET LEURS ENFANS.

	MORTS.		TOTAL des sortis et morts.	RESTANS AU SOIR.						Enfans au-dessous de 6 mois.		TOTAL général.	Enfans nés morts.	
Femmes.	Enfans.			Femmes.			En couche.							
	Garçons.	Filles.		Enceintes.		3 1ers. Jours.	4e., 5e. 6e. jour	Jours suivans.						
				A l'Allaitem	A l'Accouc.				Garçons.	Filles.			Garçons.	Filles.
3	2	1	263	3054	793	398	323	376	136	155	5213		1	4

E-FEMMES.

Restantes au soir.		Observations.
A l'Allaitement.	A l'Accouchement.	
68	4685	Voir l'observation faite au bas de l'état du nombre des journées du 1er. janv. 1808.

PLOYES.

Filles de service.		Cuisinier.	Hommes de peine et portiers.	TOTAL. des Journées.
De jour.	De nuit.			
403	95	31	124	1008

13 *

RÉGIME

Des Employés, Surveillantes et personnes de service des deux Sections de l'Etablissement.

Il a été parlé aux chapitres qui ont traité de chacune des classes d'individus qu'on admettoit dans cet Hospice, du régime qui leur est particulier. On va traiter ici celui des surveillantes, des employés et personnes attachées aux sections de l'Etablissement.

EMPLOYÉS EN CHEF.

On comprend sous ce titre l'Agent, l'Econome, le Chapelain, et la Sage-femme en chef, auxquels il est délivré chaque jour :

Pain.

Aux hommes 84 décagrammes.
Aux femmes 72 décagrammes.

Vin.

1 Litre de vin.
5o Centilitres.

ALIMENS.

Jours Gras.

A déjeûner. 25 centilitres de lait, ou 6 décagrammes de fromage, ou 6 décagrammes de raisiné, ou 6 de pruneaux crus, ou l'équivalent en fruit suivant la saison.

A dîner . . . 1 soupe grasse de 48 centilitres de bouillon.
13 décagrammes de viande bouillie et désossée.
16 décagram. de viande en ragoût ou rôtie, provenant de 3o décagramm. de viande crue.

A souper. . 16 décagr. de viande rôtie, provenant de 25 décagr. de viande crue.
2 décilitres de légumes secs crus, ou 36 décagrammes de légumes frais cuits, ou l'équivalent en fruit, selon la saison.

14

Jours Maigres.

A déjeûner. De même qu'aux jours gras.

A dîner. . . 1 soupe de 48 centilitres.

    2 décilitres de légumes secs crus, ou 36 décagrammes de légumes frais cuits.

    2 harengs, ou 25 décagrammes de morue, ou d'autre poisson, quand le prix de ces objets n'excède pas celui de la morue, portée à 60 centimes les 50 décagrammes.

A souper. . 2 décilitres de légumes secs crus, ou 36 décagrammes de légumes frais cuits.

    3 œufs, ou 9 décagrammes de fromage, ou 12 de raisiné, ou 15 de pruneaux crus, ou l'équivalent en fruit suivant la saison.

Le régime des enfans des employés en chef est de moitié de la nourriture ci-dessus.

EMPLOYÉS DES BUREAUX.

Sont compris parmi les employés des bureaux, le Préposé à l'état civil et à la réception les deux commis de l'Econome et l'employé chargé de la distribution du pain, du vin et des objets de vivres qui sont en magasin.

Leur régime est le même que celui des employés en chef, avec cette exception qu'ils n'ont qu'un décilitre de légumes secs les jours gras; deux œufs les jours maigres, et que le lait du déjeûner n'est remplacé que par 4 décagrammes de fromage.

SURVEILLANTES.

On comprend dans cette classe les personnes qui sont à la tête des emplois et la directice de l'ouvroir.

Leur nourriture est la même que celle accordée aux employées des bureaux, à l'exception qu'elles ne reçoivent que 72 décagrammes de pain et 50 centilitres de vin.

BERCEUSES ET PORTIÈRE DE L'ALLAITEMENT.

Le régime des berceuses, est le même que celui des surveillantes, excepté qu'il ne leur est alloué qu'un quart de litre de vin.

Lorsqu'elles sont de veille, il leur est accordé un supplément de nourriture qui consiste en 12 décagram. de pain et 25 décagrammes de viande, que l'on peut remplacer par 9 décagrammes de fromage, de raisiné ou de pruneaux, et en un quart de litre de vin.

Cuisinier et Hommes de peine.

Leur nourriture par jour se compose ainsi qu'il suit :

Pain.

96 décagrammes.

Vin.

Cuisinier, 1 litre.
Hommes de peine, 75 centilitres.

ALIMENS.

Jours Gras.

Point de déjeûner.
A dîner. . . . 1 soupe grasse de 48 centilitres de bouillon.
15 décagrammes de viande bouillie, ou désossée.
16 décagram. de viande rôtie, provenant de 50 décagr. de viande crue.
A souper. . . 1 soupe grasse de 48 centilitres de bouillon.
8 décagrammes de viande rôtie, provenant de 12 décagr. de viande crue.
2 décilitres de légumes secs crus, ou 36 décagrammes de légumes frais cuits, ou 12 décagrammes de pruneaux crus, ou 9 décagrammes de raisiné, ou 9 décagrammes de fromage.

Jours Maigres.

Point de déjeûner.
A dîner. . . 1 soupe maigre de 48 centilitres de bouillon.
3 décilitres de légumes secs crus, ou 54 décagrammes de légumes frais cuits.
2 harengs, ou 6 décagrammes de fromage.
A souper. . . 1 soupe maigre de 48 centilitres de bouillon.
3 œufs, ou 2 décilitres de légumes secs crus, ou 36 décagrammes de légumes frais cuits.
6 décagrammes de fromage, ou 9 décagrammes de raisiné, ou 12 de pruneaux crus, ou l'équivalent en salade.

On y comprend toutes les femmes qui servent (à l'exception des berceuses et de la portière de l'Allaitement) et les deux portiers.

Pain.   *Vin.*

Femmes 72 décagrammes.   33 centilitres.
Portiers 84 décagrammes.   5o centilitres.

ALIMENS.

Jours Gras.

A déjeûner. 6 décagr. de fromage , ou 9 décagram. de raisiné , ou 12 de pruneaux crus.
A dîner. . . 1 soupe grasse de 48 centilitres de bouillon.
           18 décagrammes de viande bouillie et désossée , provenant de 36 décagram.
           de viande crue.
A souper. 1 soupe de 48 centilitres de bouillon.
           1 décilitre et demi de légumes secs crus , ou 17 décagrammes de légumes
           frais cuits.

Jours Maigres.

A déjeûner. Comme aux jours gras.
A dîner. . . 1 soupe maigre de 48 centilitres de bouillon.
           2 décilitres de légumes secs crus , ou 36 décagr. de légumes frais cuits.
           1 hareng , ou 4 décagrammes de fromage.
A souper. . . 1 soupe maigre de 48 centilitres de bouillon.
           1 décilitre de légumes secs crus , ou 18 décagrammes de légumes frais cuits.
           6 décagrammes de fromage ou 9 de raisiné , ou 12 de pruneaux , ou l'équi-
           valent en fruit suivant la saison.

Il n'y a point de marmite particulière pour faire cuire la viande accordée aux employés, le bouillon et les alimens qu'on leur délivre sont les mêmes que ceux des indigens.

VIVRES ET COMBUSTIBLES.

Marchés.

Chaque année l'Administration procède à l'adjudication au rabais des divers objets de consommation dont l'emploi à faire pour les différentes classes d'individus secourus dans les Hopitaux et Hospices civils de Paris, résulte du régime qui leur est alloué par un réglement général.

La liste des fournisseurs, avec l'indication des objets qu'ils doivent fournir est adressée à l'Econome et à l'Agent.

Leurs marchés portent qu'ils livreront sur un billet d'ordre signé par les Membres de la commission administrative chargé spécialement de la maison pour laquelle la fourniture est demandée.

Base des demandes faites aux Fournisseurs par l'Econome.

L'Econome étant toujours obligé, pour que le service ne manque pas, de faire ses demandes à l'avance aux fournisseurs, et ne pouvant jamais conséquemment, lorsqu'il les forme, connoître d'une manière positive le nombre d'individus qui donneront lieu à la dépense, base toujours ses demandes pour le jour ou le mois suivant, sur la consommation de la veille, s'il s'agit d'objets qui doivent être livrés chaque jour, et sur celle du mois qui précède, s'il est question de fournitures qui doivent se faire par mois.

Si le montant des fournitures qu'il a reçues en raison des demandes qu'il a faites, excède la consommation réelle du jour ou du mois pour lesquels il a formé ses demandes, le surplus tend alors à diminuer celle qu'il fait aux fournisseurs pour le jour ou pour le mois suivant.

Exemple.

Le 12 janvier 1808, la consommation de l'Econome a été de 300 kilog. de viande.
Le 13 id. l'Econome demande pour le 14, 300 kilogrammes.

Le 15 janvier, l'Econome ayant fait son compte du 14, voit que, d'après le nombre d'individus réellement nourris, il n'a dépensé que 250 kilogrammes, et qu'il lui en reste conséquemment 50.

Le 16, l'Econome, basant sa demande sur la demande réelle du 15, devroit demander pour le 17 250 kilogrammes;

Mais il lui en est resté 50;

Sa demande n'est alors que de 200 kilogrammes.

De même pour les autres objets que les fournisseurs, au terme de leur marché, doivent livrer ou par jour ou par mois.

MODE D'APPROVISIONNEMENT.

COMESTIBLES.

Pain.

Le pain est fait par un manutentionnaire dont les fours sont situés dans la maison de Scipion, établissement qui appartient aux hospices.

Chaque matin la voiture du manutentionnaire passe successivement dans les maisons d'Allaitement et d'Accouchement, et le panetier dans l'une, le cuisinier dans l'autre, reçoivent le pain sur le vu d'un double de la demande faite à la boulangerie des hospices, par l'Econome.

Tous les jours l'Agent est tenu d'adresser à l'Administration un certificat constatant la qualité du pain reçu.

Il ne se consomme dans cette maison que du pain blanc.

Viande.

Chaque jour la quantité de viande demandée par l'Econome est reçue à l'Allaitement par la surveillante de la cuisine, et à l'Accouchement par le cuisinier en présence de l'Agent ou de l'Econome.

La viande est pesée, on tient note de son poids, on vérifie si le bœuf, le mouton, le veau, sont dans les proportions prescrites par le marché ; on en examine la qualité, si elle n'est pas convenable, on la fait remporter : elle doit être remplacée de suite.

Vin.

Dans chacune des deux sections, le vin est livré dans une quantité de pièces suffisantes pour la consommation d'un mois.

Aussitôt que le vin est reposé, l'Agent et l'Econome en constatent la qualité : si elle n'est pas conforme à l'échantillon, l'avis en est donné aux fournisseurs, qui doivent le remplacer dans les 24 heures ; faute par eux de le faire, l'Econome en instruit l'Administration, et s'adresse pour la quantité de vin rejetée, à un autre fournisseur avoué par elle.

Des jaugeurs nommés par le Préfet de Police, sont appelés à venir jauger les pièces, et les quantités de vin qu'ils y trouvent sont constatées par un certificat qu'ils remettent à l'Econome.

Lait.

Tous les matins, la personne chargée de la fourniture du lait, apporte la quantité qui en est demandée ; il est reçu par les surveillantes, en raison des besoins de leurs emplois. La qualité en est vérifiée chaque matin par l'Agent ou l'Econome.

Légumes potagers.

Il est fait avec un pourvoyeur un marché pour la fourniture des légumes potagers, tels que choux, poireaux, carottes, etc. Ce pourvoyeur livre à un prix déterminé par kilogramme, et sous la condition que les légumes seront épluchés et préparés pour la cuisson. Ces objets sont reçus par les chefs de cuisine des deux sections.

Légumes secs, beurre demi sel, huile à manger, vermicelle, pruneaux, sucre, raisiné et légers alimens.

Ces objets sont livrés par les fournisseurs sur des billets d'ordre, dont le montant peut suffire pour la consommation d'un mois; ils sont reçus par l'Econome, qui fait constater sous ses yeux la conformité avec l'échantillon, et les garde en magasin.

COMBUSTIBLES.

Bois, Chandelle, Charbon, Huile à brûler, Eclairage.

Le bois est reçu dans les deux sections par l'Econome, en présence d'un officier mouleur nommé par le Préfet de Police, sur la demande qui lui en est faite : l'Econome tient note de la quantité fournie.

La chandelle, le charbon, l'huile à brûler, sont fournis de même sur des billets d'ordre, et les quantités et qualités sont également constatées par l'Econome.

Eclairage.

L'éclairage est fait par un entrepreneur, en vertu d'un marché, et à un prix déterminé par bec de lumière et par heure : chaque jour les chefs d'emploi préviennent l'Agent de la manière dont le service a été fait.

Tous les autres objets, tels que mercerie, clincaillerie, poterie, verrerie, fourrages, etc. sont reçus également sur des billets d'ordre, et les quantités, après avoir été constatées, sont emmagasinées.

Registre de Recette des Vivres et combustibles.

Au fur et à mesure des livraisons, l'Econome recueille et classe les factures des fournisseurs, et porte en recette le montant de chacune sur un registre disposé à cet effet par nature d'objets fournis, et distingué pour les deux sections, avec la date de chacune de ces livraisons.

Récépissés aux Fournisseurs.

Chaque fournisseur reçoit en fin de mois un récépissé général de toutes ses fournitures. L'Econome vérifie si elles sont conformes aux articles portés sur son registre de recette, pour chacun de ces fournisseurs, et ces récépissés, visés par l'Agent de surveillance, leur servent de titre de créance envers l'Administration.

DÉLIVRANCE DES DIVERS OBJETS DE CONSOMMATION POUR LE SERVICE.

COMESTIBLES.

Pain et Vin.

Le magasinier-pannetier-sommelier, pour la Section d'Allaitement, et le cuisinier pour celle de l'Accouchement, délivrent le pain et le vin dans chaque emploi, sur des bons des surveillantes, dressés conformément à la population dans le jour, et au régime prescrit pour chacune des classes qu'elles désignent.

Légumes secs, beurre demi-sel, huile à manger, pruneaux, etc.

Tous les jours, sur des bons de la surveillante de la cuisine à l'Allaitement, et du cuisinier à l'Accouchement, visés par l'Econome, le magasinier délivre, pour le service de ces cuisines, une certaine quantité des objets ci-dessus, proportionnés aux besoins.

Viande et légers Alimens.

Chaque jour les chefs des cuisines des sections reçoivent des surveillantes des bulletins indiquant, pour chaque emploi, le nombre d'individus qu'ils ont à nourrir : la distribution des vivres se fait en raison de ce nombre, aux heures indiquées pour les réfectoires. Ces alimens se préparent avec soin sous la surveillance de l'Econome.

Bois, Charbon, etc.

Chaque année la consommation est fixée par bureau, par emploi, par feu.

La délivrance s'en fait par stère ou double stère, à mesure du besoin, et sur des bons des divers consommateurs, visés par l'Agent.

La distribution de la chandelle se fait aussi d'après une fixation par mois d'hiver et par mois d'été, et sur des bons.

La délivrance de l'huile à brûler, du charbon et de tous les autres objets, tels que mercerie, etc., se fait sur des bons des employés et des surveillantes remis à l'Econome : celui-ci, après avoir reconnu le besoin réel de l'objet demandé, en délivre un contre-bon, et la délivrance s'en fait au magasin. Chacun de ces bons est porté sur le registre de recette, qui présente en regard la dépense de chaque objet.

CONSOMMATION DES VIVRES.

Feuilles journalières de distribution des vivres pour les jours maigres et les jours gras.

Chaque mois, l'Econome reçoit du bureau du mouvement, la feuille journalière, signée par l'Agent, des journées des diverses classes d'individus qui ont eu droit à la consommation de la veille. En conséquence, il calcule, d'après le régime alloué chaque jour à chacune de ces classes, la dépense en denrées qu'elle a occasionnée, et il dresse, par chacune des deux sections, une feuille journalière conforme au modèle ci-après.

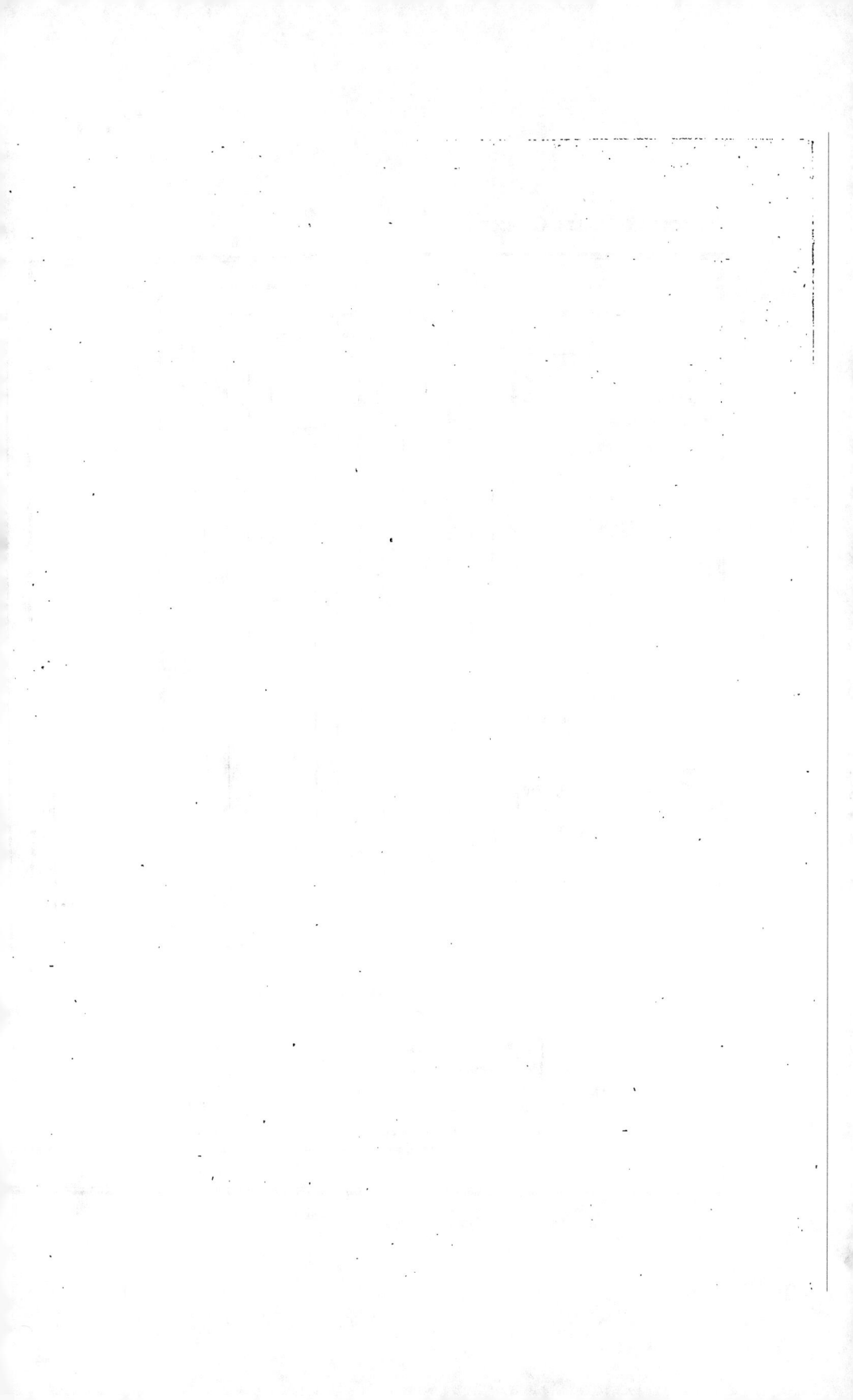

DÉSIGNATION des Personnes nourries.	Nombre des personnes.			PAIN portions de												VIN. portions de						
	Indig.	Emploi	Total	96 déc.	84	72	48	36	28	24	12	Diètes	Soupe de 2a déc.	Panades de 5 déc.	Pain de départ 192	96	1 litr.	75	50	33	25	Diètes	86 déc.
Chapelain.	...	1	1	...	1	...	...	...	...	...	...	...	...	...	...	...	1	...	...	...	...	...	
Sage-Femmes (élèves).	...	20	20	...	20	...	...	...	...	...	...	...	...	...	...	...	...	20	...	...	...		
Employés des bureaux.	...	3	3	3	...	...	...	...	...	...	...	...	...	...	...	...	3	...	...	...	...		
Surveillantes. . . . . , . .	...	7	7	...	7	...	...	...	...	...	...	...	...	...	...	...	7	...	...	...		
Berceuses. . . { de jour.	...	22	22	...	22	...	...	...	...	...	...	...	...	...	...	...	...	22	...	...		
{ de nuit. . . .	...	6	6	...	6	...	...	...	...	...	...	...	...	...	...	...	6	...	...	...		
Filles de service. . . . ‹ . . .	...	9	9	...	9	...	...	...	...	...	...	...	...	...	...	...	...	9	...	...		
Cuisinier et portier.	...	2	2	2	...	...	...	...	...	...	...	...	...	...	...	2	...	...	...	...		
Hommes de peine.	...	6	6	6	...	...	...	...	...	...	...	...	...	...	...	6	...	...	...	...		
Nourr. sédent. { à un enfant.	13	...	13	13	...	...	...	...	...	...	...	...	...	...	...	...	...	13	...	...		
{ à deux enfans. . .	12	...	12	12	...	...	...	...	...	...	...	...	...	...	...	...	12	...	...	...		
Meneurs.	2	...	2	2	...	...	...	...	...	...	...	...	...	...	...	2	...	...	...	...		
Nourrices de campagne. (3 — départ).	31	...	31	...	31	...	...	...	...	...	...	...	...	3	...	...	31	...	...	...	31	
Enfans. . . . { au-dessous de 6 mois	36	...	36	...	...	...	...	...	...	...	...	...	36	...	...	...	...	...	...	36	...	
{ au-dessus de 6 mois.	25	...	25	...	...	...	...	...	...	25	...	...	...	...	...	...	...	...	25	...		
{ Sevrés.	2	...	2	...	...	...	...	...	2	...	...	...	...	...	...	...	...	...	...	2		
Infirmerie.																						
A LA CHARGE DU DÉPARTEMENT.																						
Surveillantes.	...	2	2	...	2	...	...	...	...	...	...	...	...	...	...	...	2	...	...	...		
Filles de service.	...	2	2	...	2	...	...	...	...	...	...	...	...	...	...	...	...	2	...	...		
Femmes enceintes.	86	...	86	...	86	...	...	...	...	...	...	...	...	...	...	...	...	86	...	...		
Infirmerie.	3	...	3	...	1	...	...	2	...	...	...	...	...	...	...	...	...	3	...	...		
TOTAUX.	210	80	290	35	10	179	1	»	2	2	»	»	25	36	3	»	6	8	78	11	124	63	31

TOTAUX RÉDUITS . . . . . » .... 18¡ kilo 96. .... 85 litres 65 cent.

ASSAISONNEMENT DES ALIMENS.

98 Kilogrammes de Viande.	.Pour 100 Kilog. — 10 Kilog. de légumes potagèrs, 3 Kilog. de sel, 8
246 Légumes secs	Pour 200 décil. — 2 Kilo. 30 déc. de beurre , 1 kilo. 06 déc. de sel ,
	poivre , 24 décag. de farine , 48 décag. d'oignons ,
200 Légumes verts.	Poisson et OEufs.
224 Soupes maigres. . . .	Pour 100 — 5 Kilog. de légumes verts , 2 Kilog. de beurre ou 150 déc
	1 Kilog. de sel , 12 gram. de poivre , 4 lit. de légum
86 Panades et Crêmes de Pain.	1 Kilog. de beurre frais pour 100 Panades
75 Salades de 16 décagrammes.	Pour 150 — 1 Kilog. d'huile , 1 litre de vinaigre , 50 décagrammes de

TOTAL DE LA DÉPENSE pendant le jour. . .

LÉGERS ALIMENS.

36	25	18	Diètes	Haric.	Lent.	Pois.	Légu. frais.	Plant. potage	Vermicelle	Poisson frais.	Poisson salé.	Pruneaux	Fruits	Pom. de ter.	Œufs.	Lait.	Fromage de Comt	Fromage de Marol	Sucre.	Soup. maigr	Salade
..	....	....	1	2	...	....	» 36	....	....	» 25	....	....	....	....	3	» 25	....	....	....	1	» 16
..	....	....	20	40	...	..1	7 20	....	....	5 »	....	....	....	....	60	5 »	....	....	....	20	3 20
..	....	....	3	6	...	....	1 08	....	....	» 75	....	....	....	....	6	» 75	....	....	....	3	» 48
..	....	....	7	14	...	....	1 62	....	....	1 75	....	....	....	....	14	1 75	....	....	....	7	1 12
..	....	....	22	44	...	....	7 92	....	....	5 50	....	....	....	....	66	5 50	....	....	....	22	3 52
.»	....	....	6	12	...	....	2 16	....	....	1 50	....	» 54	....	....	18	1 50	....	....	....	6	» 76
..	....	....	9	14	...	....	3 24	....	....	....	....	« 81	2 25	....	18	2 25	....	....	....	9	1 44
..	....	....	2	4	...	....	» 72	....	....	....	....	» 50	....	....	6	....	1	....	....	2	» 32
..	....	....	6	12	...	....	2 16	....	....	....	....	1 50	....	....	18	....	....	....	....	6	« 96
..	....	....	..	..	...	....	....	....	....	....	....	....	....	....	....	....	....	....	....	13	....
..	....	....	..	..	...	....	....	....	....	....	....	....	....	....	....	....	....	....	....	12	....
..	....	....	2	4	...	....	« 72	....	....	....	....	50	....	....	6	....	1 08	....	....	2	» 32
..	....	....	»	..	...	....	....	....	....	....	....	....	....	....	....	....	....	....	....	31	....
..	....	....	36	..	...	....	....	1 80	....	....	....	....	....	....	18 »	....	....	....	1 44	....	....
..	....	....	25	..	...	....	....	1 25	....	....	....	....	....	....	12 50	....	....	....	1 »	....	....
..	....	2	..	..	...	....	....	....	....	....	....	....	....	....	....	....	....	....	....	....	....
..	....	....	2	4	...	....	» 72	....	....	» 50	....	» 18	....	....	4	» 50	....	....	....	2	» 32
..	....	....	2	4	...	....	» 72	....	....	» 50	....	....	....	....	4	» 50	....	....	....	2	» 32
..	....	....	86	..	...	....	....	....	....	....	....	» 09	....	....	....	....	....	....	....	86	....
..	3	....	..	..	...	....	....	» 18	....	....	....	....	....	....	....	....	....	....	....	....	....
»	3	2	143	246	»	»	18 62	»	3 23	15 75	»	1 62	4 75	» »	225	48 50	» »	1 08	»	2 44	224	12 92

8 déc.

Farine.	Beurre frais.	Beurre ½ sel.	Sel.	Poivre.	Huile d'Olive.	Huile d'œillta	Vinaigr	Graisse	Mélasse	Légumes potager	Légumes Secs	Observations.
» 30	....	....	2 94	....	....	....	....	....	» 08	9 80	....	
» 48	....	2 80	1 31	01 ½	....	....	....	....	....	» 60	....	
....	2 50	2 30	1 12	02 ½	....	....	....	....	....	» 96	....	
....	....	2 24	2 24	02 »	....	....	1 68	....	....	12 20	» 88	
....	» 86	....	....	....	....	....	....	....	....	....	....	
....	....	....	» 25	....	» 10	» 40	» 50	....	....	....	....	
» 78	3 16	7 34	7 86	» 06	» 10	» 40	» 50	1 68	» 08	23 56	» 88	15

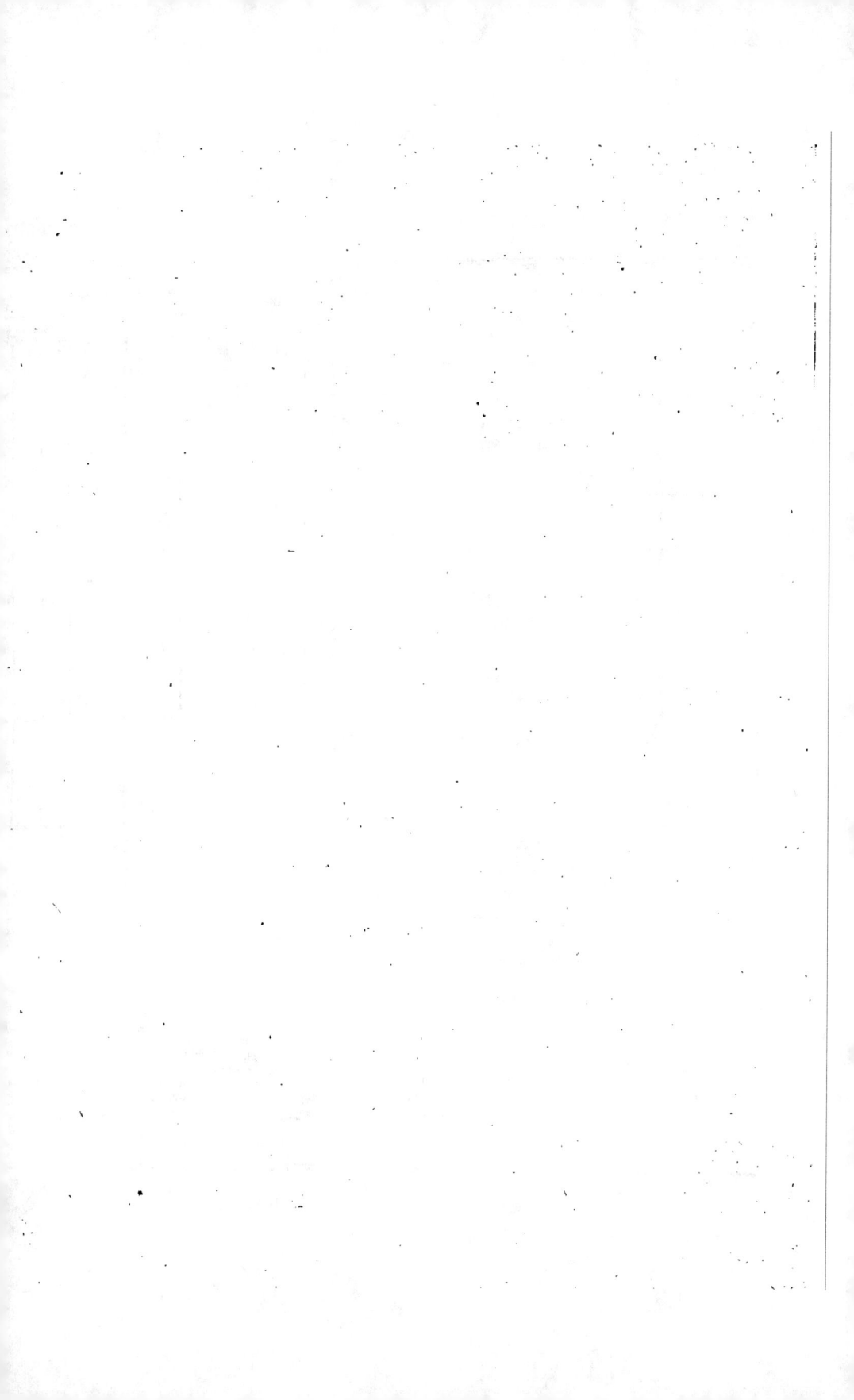

DÉSIGNATION des Personnes nourries.	Nombre des journées.	Distribution du Pain. Personnes à							Distribution du V... Personnes à			
		90	84	72	48	36	5	Diet.	1″	75	50	33
Femmes. Enceintes	25	...	...	23	...	...	...					
En couche. 3 premiers jours	6	...	...	....	....	....	....	6				
4e. 5e et 6e. jours	8	...	...	....	8	....	....					
Jours suivans.	9	...	...	9	....	....	....					
Enfans aux accouchées au-dessous de six mois. . . .	7	...	...	....	....	..	7					
Employés. Agent de surveillance et économe	2	...	2	...					2			
Sage-femme en chef et fem. des agent et économe	3	...	...	3							3	...
Enfans des agent et économe.	3	...	...	....		3						
Employés des bureaux	»											
Surveillantes	3	...	...	3							3	16
Filles de service	16	...	...	16								
Cuisinier	1	1	...	....					1			
Hommes de peine et portier.	4	4	...	....					4			
TOTAL des journées à la charge du Département . .	85	5	2	54	8	3	7	6	3	4	6	16
Elèves Sage-Femmes à la charge du Gouvernement. .	114	»	»	114	»	»	»	»	»	»	114	»
TOTAL des journées de la section de l'Accouchement. . .	199	5	2	168	8	3	7	6	3	4	120	16
		4 80	1 68	120 96	3 84	1 08	» 35	»	3	3	60 »	5 28
		131 kilo. 71 décag..							85 litres 53 cen			

Pour Mémoire.
Pensionnaires à l'Allaitement.

- Femmes enceintes...... 89
- Surveillantes.......... 2
- Filles de service....... 2
- Elèves.............. 20

} 113

ASSAISONNEMENT DES ALIMENS.

28 81 Kilogram de Viande. Pour 100 Kilog. — 10 Kilog. de légumes potagers, 3 Kilog. de sel, 8 déca...

31 07 Légumes secs . . . Pour 200 décil. — 2 Kilo. 30 déc. de beurre, 1 kilo. 06 déc. de sel, 12 g... poivre, 24 décag. de farine, 48 décag d'oignons, cibou...

189 Soupes maigres. . . Pour 100 — 5 Kilog. de légumes verts, 2 Kilog. de beurre ou 150 décag. d... 1 Kilog. de sel, 12 gram. de poivre, 4 lit. de légum. secs

7 Panades et Crèmes de Pain. 1 Kilog. de beurre frais pour 100 Panades . . . .

135 Salades de 16 décagrammes. Pour 150 — 1 Kilog. d'huile, 1 litre de vinaigre, 50 décagrammes de sel.

TOTAL DE LA DÉPENSE pendant le jour. . . . .

	Distribution de la VIANDE.						Distribution des légers Alimens.																
	Personnes à						Légum. secs			Plant.	Légum. verts.		Vermicelle.	Fruits	Poisson.		Pruneaux.	Œufs.	Lait.	Fromages		Pom. de ter	Salade	Soup. maigr
	86	75	62	61	36	Diét.	Haric.	Lent.	Pois.	potagè					frais.	salé.				de Com	de Maro			
...	...	...	...	23	...	...	...	23	...	...	...	...	...	...	...	...	...	...	...	...	...	...	...	23
...	...	...	...	...	...	6	...	...	...	...	...	...	...	...	...	...	...	...	...	...	...	...	...	...
8	...	...	...	...	...	...	...	...	...	...	...	...	...	...	...	...	...	...	...	...	...	...	...	...
...	9	...	...	...	...	...	...	...	...	...	...	...	...	...	...	...	...	...	...	...	...	...	...	...
...	...	...	...	...	...	7	...	...	...	...	...	...	o 3f	...	...	...	...	3 50	...	...	...	...	...	
...	...	...	...	...	...	2	4	...	...	...	...	...	...	1 »	» 50	...	...	6	» 5c	...	...	...	2
...	...	...	...	...	...	3	6	...	...	...	...	...	...	1 50	» 75	...	...	e	» 75	...	...	...	5
...	...	...	...	...	...	3	3	...	...	...	...	...	...	» 75	» 37	...	...	4	» 37	...	...	...	2
...	...	...	...	...	...	3	6	...	...	...	...	...	...	» 75	» 7	...	...	6	» 75	...	...	...	3
...	...	...	...	...	...	16	32	...	...	...	...	...	...	8 »	...	...	...	...	...	» 96	...	2 56	32
...	...	...	...	...	...	1	3	...	...	...	...	...	...	» 50	...	...	...	...	...	» 06	...	» 16	2
...	...	...	...	...	...	4	12	...	...	...	...	...	...	2 »	...	...	...	...	...	» 24	...	» 64	8
8	9	»	»	23	»	45	»	89	»	»	»	»	»	o 35	14 50	2 37	»	»	25	5 87	» 1 26	»	3 36	75
»	»	»	»	»	»	114	»	228	»	»	»	»	»	»	»	»	»	»	34	28 50	» 10 26	»	12 70	114
8	9	»	»	23	»	159?																		
4 7 74	»	»	»	14 03	»	»																		
	28 kilo. 81 décagr.						»	317	»	»	»	»	r o 35	14 50	2 37	»	»	56	14 37	» 11 5	»	16 06	189

	Assaisonnement des Alimens, suivant le Réglement.											Légumes		Plantes	Observations.
Farine.	Beurre		Sel.	Poivre.	Mélasse	Graisse	Huile.		Vinaigr	Sucre.		Secs.		potagèr.	
	frais.	½ sel.					d'O'ive.	d'œillon			Haric	Lentill.	Frais.		
...	...	...	» 87	...	3 »	...	...	...	...	...	...	...	...	2 83	
» 38	» 23	3 41	1 68	» 19	...	...	...	...	...	...	...	...	...	» 76	
...	» 20	3 58	1 89	» 23	...	...	...	...	...	...	...	7 56	...	9 45	
...	» 07	...	...	...	...	...	...	...	...	» 28	...	...	...	...	
...	...	...	» 45	...	...	...	» 90	» 90	...	...	...	...	...	...	
» 38	» 50	6 99	4 89	» 42	3 »	» »	» »	» 90	» 90	» 28	» »	7 56	»	15 09	15*

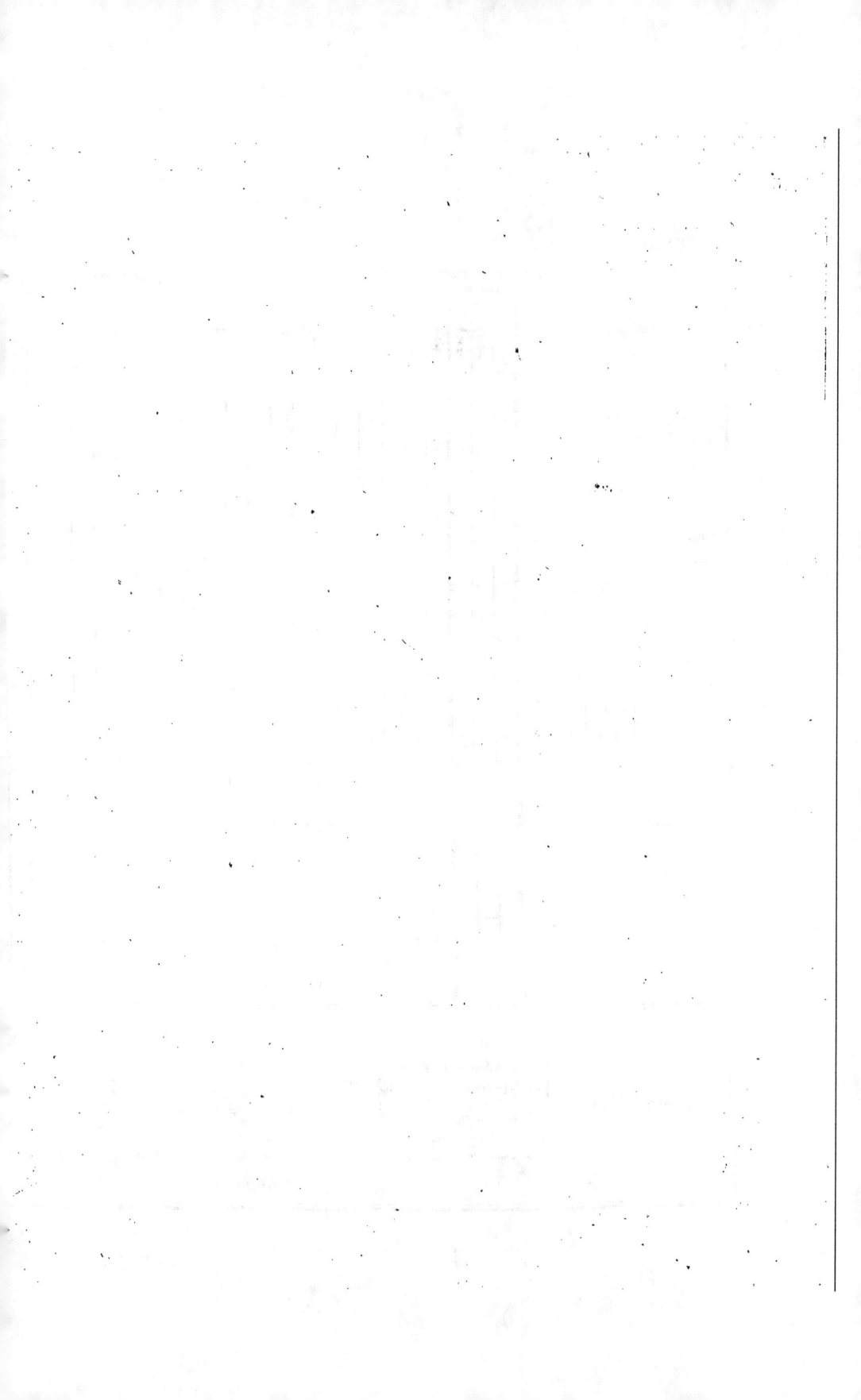

DÉSIGNATION des Personnes nourries.	Indig.	Emplo	TOTAL	96 déc.	84	72	48	36	28	24	12	Diètes	Soupe de 20 déc	Panades de 1 déc.	Pain de départ 192	96	litr	75	50	33	25	Diètes	96 déc.
Chapelain		1	1		1												1						
Sage-Femmes (élèves)		23	23			23														23			
Employés des bureaux		3	3		3												3						
Surveillantes		7	7			7													7				
Berceuses {de jour		22	22			22														22			
Berceuses {de nuit		6	6		6														6				
Filles de service		9	9			9													9				
Cuisinier et portier		2	2	2													2						
Hommes de peine		6	6	6													6						
Nourr. sédent. {à un enfant	12		12	12																12			
Nourr. sédent. {à deux enfans	12		12	12															12				
Meneurs	2		2	2													2						
Nourrices de campagne. (3—départ)	28		28			28								3					28				28
Enfans {au-dessous de 6 mois	43		43										43								43	
Enfans {au-dessus de 6 mois	24		24							24											24	
Enfans {Sevrés	2		2					2													2	
Infirmerie																							
A LA CHARGE DU DÉPARTEMENT.																							
Surveillantes		2	2			2													2				
Filles de service		2	2			2													2				
Femmes enceintes	84		84			84														84			
Infirmerie	4		4					2		2										4			
TOTAUX	211	85	296	34	10	177	2	»	2	2	»	»	24	43	3	»	6	8	78	11	122	69	28
TOTAUX RÉDUITS		»		183 kilo. 19 décag.													85 litres 13 cent.						

ASSAISONNEMENT DES ALIMENS.

152 84 Kilogram de Viande. — Pour 100 Kilog. — 10 Kilog. de légumes potagers, 3 Kilog de sel, 8
250 Légumes secs — Pour 200 décil. — 2 Kilo 30 déc de beurre, 1 kilo. 06 déc. de sel, poivre, 24 décag. de farine, 48 décag d'oignons,
136 Soupes maigres — Pour 100 — 5 Kilog. de légumes verts, 2 Kilog de beurre ou 150 déc 1 Kilog de sel, 12 gram. de poivre, 4 lit. de légum.
91 Panades et Crèmes de Pain. — 1 Kilog. de beurre frais pour 100 Panades
» Salades de 16 décagrammes. — Pour 150 — 1 Kilog. d'huile, 1 litre de vinaigre, 50 décagrammes de

TOTAL DE LA DÉPENSE pendant le jour. . .

LÉGERS ALIMENS.

PORTIONS DE				Légum. secs			Légu. frais.	Plant. potagè	Vermicelle	Poisson. frais.	Poisson. salé.	Pruneaux.	Fruits	Pom. de ter.	OEufs.	Lait.	Fromages de Comt	Fromages de Marol	Sucre.	Soup. maigr	Salade
36	25	18	Diètes	Haric.	Lent.	Pois.															
....	....	....	...	..	2	...	....	....	....	....	....	....	....	....	....	» 25	....			....
....	....	....	...	...	40	.. »	....	....	....	....	....	....	....	....	....	5 75	....			
.	....	....	...	..	6	...	....	....	....	....	....	....	....	....	....	» 75	....			
....	....	.. »	...	..	;4	..	....	....	....	....	....	....	....	....	....	1 75	....			
....	....	..	...	..	41	..	....	....	....	....	....	....	....	....	....	5 50	....			
.. »	..	....	...	..	12	..	....	....	....	....	» 54	....	....	....	....	1 50	....			
9				..	;4	..					» 81									
....	....	....	...	..	4	..	....	....	....	....	....	....	....	....	....	....				
....	....	....	...	..	12	..	....	....	....	....	....	....	....	....	....	....				
....	....	....																	12	....
....	....	....								1 08									12	....
....	....	.. »	...	..	4	..	....	....	....	....	....	....	....	....	....	....				
....	....	»																	28	
....	..	43	..	....	....			2 15								21 50			1 72	....
....	..	24	..	....	....			1 20								12 »			» 96	....
..	..	2	...	..																
....	....																			
....	....	....	...	..	4	..	....	....	....	....	..	....	....	....	....	» 50				
2	....	..	...	..	4	..	....	....	....	....	» 18	....	....	....	....	» 50				
....	....	-	...	..	84	..	....	....	....	....	....	....	....	....	....	....				84
..	4	....	...	..	..			» 24			» 18									
11	4	2	67	»250	»	»	»	3 55	» »	»	2 79	» »	»	» 50	» »	»; »	2 64	136	»

84 déc.

	Farine.	Beurre frais.	Beurre sel.	Sel.	Poivre.	Huile d'Olive.	Huile d'œillin	Vinaigr	Graisse	Mélasse	Legumes potager	Legumes Secs	Observations.
se. de il.	....	....	....	4 56	....	....	....	....	....	» 13	15 28	....	
de il.	» 30	....	2 87	1 32	01 :	....	....	....	....	....	» 60	....	
e , e.	....	....	1 36	1 36	01 ½	....	....	....	1 02	....	6 80	» 56	
	....	» 91	....	....	....	....	....	....	....	....	....	....	
.	» 50	» 91	4 23	7 24	» 03	» »	» »	» 0	1 02	» 13	22 68	» 56	16

DÉSIGNATION des Personnes nourries.	Nombre des journées.	Distribution du PAIN. Personnes à							Distribution du [...] Personnes			
		96	84	72	48	36	5	Diét.	1 litr.	75	50	33
Femmes. Enceintes	18	...	...	18	...	...	...	...	...	...	...	...
En couche. 3 premiers jours	9	...	...	...	...	...	...	9	...	...	...	...
4ᵉ. 5ᵉ et 6ᵉ. jours . . .	9	...	...	9	...	...	...	...	...	...	...	...
Jours suivans.	12	...	...	12	...	...	...	...	...	...	...	...
Enfans aux accouchées au-dessous de six mois.	4	...	...	...	...	4	...	...	...	...	...	...
Employés. Agent de surveillance et économe	2	...	2	...	...	...	...	...	2	...	...	...
Sage-femme en chef et fem. des agent et économe	3	...	...	3	...	...	...	...	...	...	3	...
Enfans des agent et économe.	3	...	...	...	3	...	...	...	...	...	...	...
Employés des bureaux	»											
Surveillantes	3	...	...	3	...	...	...	...	...	...	3	...
Filles de service	16	...	...	16	...	...	...	...	...	...	...	16
Cuisinier	1	1	...	...	...	...	...	...	1	...	...	...
Hommes de peine et portier.	4	4	..	...	...	...	...	...	4	...	...	...
TOTAL des journées à la charge du Département . .	84	5	2	52	9	3	4	9	3	4	6	16
Elèves Sage-Femmes à la charge du Gouvernement. .	116	»	»	116	»	»	»	»	»	»	116	16
TOTAL des journées de la section de l'Accouchement. . .	200	5	2	168	9	3	4	9	3	4	122	16
		4 80	1 68	120	96	4 32	1 08	» 20	»	3	3	61 » 5 28
		133 kilo. 04 décag.							85 litres 03 c			

Pour Mémoire. Pensionnaires à l'Allaitement.
Femmes enceintes. 88
Surveillantes 2
Filles de service . . . . 2　} 115
Elèves 23

ASSAISONNEMENT DES ALIMENS.

132 16 Kilogram de Viande. Pour 100 Kilog. — 10 Kilog. de légumes potagers, 3 Kilog. de sel, 8 dé...
» » Légumes secs . . . Pour 200 décil. — 2 Kilo. 30 déc. de beurre, 1 kilo. 06 déc. de sel, 12... poivre, 24 décag. de farine, 48 décag. d'oignons, cib...
18 Soupes maigres. Pour 100 — 5 Kilog. de légumes verts, 2 Kilog. de beurre ou 150 décag. 1 Kilog. de sel, 12 gram. de poivre, 4 lit. de légum. se...
4 Panades et Crêmes de Pain. 1 Kilog. de beurre frais pour 100 Panades . . . .
11 Salades de 16 décagrammes. Pour 150 — 1 Kilog. d'huile, 1 litre de vinaigre, 50 décagrammes de se...

TOTAL DE LA DÉPENSE pendant le jour. . .

Distribution des legers Alimens.

	Distribution de la VIANDE.							Légum. secs			Plant. potagè	Légum. verts.	Vermicelle.	Fruits	Poisson.		Pruneaux.	OEufs.	Lait	Fromages		Pom. de ter.	Salade	Soup. maigr
	Personnes à							Haric.	Lent.	Pois.					frais.	salé.				de Com	de Maro			
88 d.	86	75	62	61	36	Diet.																		
...	...	...	...	18	...																	3 14	...	18
...	...	...	...	...	...	9																		
9	...	...	...	...																				
...	12	...	...																					
...	...	...				4							0 20						2 »					
...	...	2	...																» 50				» 32	
...	...	3	...		3														» 75				» 48	...
...	...	...																	» 38				» 24	
...	...	3																	» 75				» 48	
...	...	...	...		16									4 »								2 88		
...	...	...	1																			» 36		
...	...	4																				1 44		
9	17	8	5	18	19	13	»	»	7	»	»	» 0 20	4 »	»	»	»	»	»	4 58	»	»	7 92	1 52	18
»	»	116	»	»	. »	»	»	»	»	»	»	»	»	»	»	»	»	29	»	»	»	4176	» »	»
9	12	124	5	18	19	13																		
7 92	10 52	93	» 3	10	10 98	6 84	»																	
132 kilo. 16 décagr.							»	»	»	»	»	» 0 20	4	» »	»	»	» »	»	33 58	»	»	49 68	1 52	18

Assaisonnement des Alimens, suivant le Réglement.

Farine.	Beurre		Sel.	Povre.	Mélasse	Graisse	Huile.		Vinaigr	Sucre.	Légumes Secs.		Frais.	Plantes potagèr.	Observations.
	frais.	½ sel.					d'O'ive.	d'millin			Haric	Lentill.			
...	...	...	3 96	...	» 1	...	...	...	...	...	...	...	...	13 22	
...	...	» 36	» 18	» 02	...	...	...	...	...	» 07	...	...	» 90		
...	» 4	...	» 4	...	...	...	» 08	...	» 16	...	...	...	...		
»	» 4	» 36	4 15	» 02	» 10	» »	» 08	» »	» 08	» 16	» »	» 07	»	14 12	16*

Lorsque ces feuilles sont dressées , l'économe a soin de s'assurer si la dépense qui a été réellement faite la veille dans l'Hospice , pour tous les objets dont elles contiennent le détail , est conforme à celle qu'il a établie d'après le régime pour chacune des classes d'individus portés sur l'état des journées qui lui est remis.

COMPTE DE L'ÉCONOME ENVERS L'ADMINISTRATION.

Le 2 de chaque mois , l'Économe dresse un état récapitulatif des 30 ou 31 feuilles journalières du mois précédent , et à ce moyen il trouve , pour chaque objet de vivres , un total général en pain , vin , viande et légers alimens que , conformément au réglement sur le régime , il a dû consommer , et qu'il porte en dépense.

Pour s'assurer de la validité de son opération , il compare avec une feuille récapitulative de sa population du mois , qui lui est remise par le Bureau du Mouvement , si la population portée sur son état général , est conforme , et par conséquent s'il n'existe aucune erreur dans ses consommations.

Comparant ensuite ses premiers totaux de consommation , 1°. avec les marchandises restantes au premier du mois , et celles effectivement reçues dans le cours du même mois , et dont il a donné récépissé aux fournisseurs ; 2°. avec ses restans en magasin en fin de mois , il trouve une balance exacte entre son actif et sa consommation d'après le régime , si ce qu'il a dépensé est égal à ce qu'il a reçu , et qu'il ne lui reste rien en magasin ou économie , s'il a moins reçu du fournisseur qu'il n'a indiqué en dépense , ou si la consommation portée en dépense étant égale à ce qu'il a reçu du marchand , il a néanmoins un restant en magasin.

Exemple.

L'Économe aura reçu du fournisseur , dans le mois , 6 hectolitres de lentilles ; il lui en restoit , au premier du mois , 6 ; total , 12 : sa consommation portée en dépense d'après le régime est égale , il y a balance exacte.

Il a encore porté en dépense , d'après le régime , 1200 kilogrammes de viande , et il n'a réellement donné récépissé au fournisseur que de 1100 kilogrammes ; les 100 kilogr. formant la différence ont été économisés , c'est-à-dire , demandés successivement en moins au fournisseur.

Il a reçu 6 hectolitres de haricots ; il lui en restoit , au premier de mois 6 ; total , 12. Ils sont aussi portés en dépense en totalité , toujours d'après ce qu'on a dû consommer suivant le régime. Il reste cependant au magasin 2 hectolitres de haricots : c'est qu'ils ont été économisés.

Mais , observera-t-on dans ces deux derniers cas , le régime prescrit par l'Administration n'a donc pas été rigoureusement observé , et les administrés n'ont donc pas reçu les rations qui leur reviennent ?

17

On va rendre compte des causes qui donnent lieu à ces économies.

Lorsque les légumes frais , le fruit ou le poisson baissent de prix , et qu'on entrevoit la possibilité d'en compenser la dépense avec celle de la viande ou des légumes secs qu'on devroit consommer , on se pourvoit de légumes frais et de poisson , particulièrement pour les employés nourris et les élèves sage-femmes. L'Économe, pour justifier ses comptes à cet égard , agit encore de la manière suivante , et dit :

« Je n'aurois dû consommer pour les soupes et les ragoûts , conformément au régle-
» ment , que tant de légumes potagers ; le compte du pourvoyeur excède de telle quan-
» tité , et je dois ajouter à cet excédent de dépense , le poisson , les légumes frais et les
» fruits qu'il a fournis , ce qui me présente un total de tant en extraordinaire. Mais j'ai
» économisé tant de kilogrammes de viande, tant d'hectolitres de lentilles ou de haricots,
» que sans cela j'aurois consommés. » Ces quantités doivent présenter , par suite de la connoissance du prix des marchés , ou compensation dans la dépense, ou même encore économie.

Les fournitures extraordinaires faites par le pourvoyeur , sont l'objet d'un compte particulier étranger à son marché , pour les légumes potagers, et dont le montant est acquitté à la caisse de l'Agent. Il arrive fréquemment à l'Économe d'aller lui-même sur le carreau de la halle prendre connoissance du prix courant de ces denrées.

Tous ces résultats sont donc présentés sur le compte du mois ; et lorsque ce compte est établi , l'Econome le fait passer à l'Agent de surveillance avec les bons à l'appui ; l'Agent l'examine, fait ses observations, ou vise l'état. L'Économe l'adresse ensuite à l'Administration , où il doit être vérifié de nouveau et arrêté.

Suit , 1°. l'état récapitulatif de la consommation en denrées pendant le mois de janvier 1808 (pour chacune des deux sections) avec la récapitulation des recettes et dépenses en denrées pour le même mois.

2°. L'état des objets dépensés extraordinairement au régime (également pour chacune des deux sections) conformément aux ordonnances des officiers de santé, ou pour compensation d'autres objets économisés.

Tot. pour un mois	Nombre des Indigns.	Gens de service.	Total des consommateurs.	PAIN. PORTIONS DE 96 déca.	84	72	48	36	28	24	12	Soupes.	Panades.	Supp émen pour soupes 1 92 déc	Pain de départ aux nourrices et sevrés 1 litr. 96	VIN. PORTIONS DE 86 déc 1 litr.	75	50	33	25	Nomb. sans Vin.	VIANDE. PORTIONS DE 86 déc	75	62	61	36	25	18	Nombsans Viand
31 jours	7057	193	8992	1050	310	5179	123	10	83	44	»	748	1445	261	18	.86	245	1877	331	4078	2275	929	1858	255	2888	279	178	82	2523
	8992																												2757

Consommation en... Pain, 5833 kilo. 97 décagr. — Vin, 2436 lit. 98 cent. — Viande, 4271 kilo. 92 déca.

RÉCAPITULATION générale des Recettes et

RECETTE.	Pain.	Vin.	Viande.	LÉGUMES Secs. Haricot	Leutill.	Frais.	Plantes potagères	Vermic	Riz.	Farine
Il restoit au 1er. janvier 1808	211 68	582 22	»	2 »	»	»	»	»	»	13 57
Reçu des fournisseurs sur récépissé	5767 68	3075 »	3900 »	2 »	4 »	139 56	1021 58	50 »	»	»
— Provenant de la cuisine	»	»	»	»	»	»	»	»	»	»
Achats de l'Agent, pendant le mois	»	»	»	»	»	»	»	»	»	»
Recette d'ordre ou Boni provenant des économies	100 61	»	371 92	» 757	2 008	«	»	70 54	»	»
TOTAL de la Recette	6079 97	3657 22	4271 92	4 757	6 008	139 56	1021 58	120 54	»	13 57
DÉPENSE.										
Consommé, suivant l'état ci-dessus	5833 97	2436 98	4271 92	2 757	6 008	139 56	687 21	120 54	»	9 70
Pharmacie, suivant l'état rapporté	»	25	»	»	»	»	»	»	»	»
— Du second tableau	»	»	»	»	»	»	»	»	»	»
Consommation extraordinaire suivant pièces jusficativ	»	15	»	»	»	»	334 87	»	»	»
TOTAL de la Dépense	5833 97	2476 98	4271 92	2 757	6 008	139 56	1021 58	120 54	»	9 70
La Recette est de	6079 97	3657 22	4271 92	4 757	6 008	139 56	1021 58	120 54	»	13 57
La Dépense est de	5833 97	2476 98	4271 92	2 757	6 008	139 56	1021 58	120 54	»	9 70
Partant reste au 1er. février 1808	246 »	1180 24	»	»	2 »	»	»	»	»	3 87

ÉTAT DES DENRÉES consommées en extraordinaire, tant pour remplacement de viande

15 Litres de vin, pour vin sucré aux enfans et p...

334 kilo. 37 de plantes potagères, en remplacem...

2 kilo. 44 déca. d'huile d'Olive. . . . .

4 — 13 — d'œillet. . . . .

COMESTIBLES DIVERS.

Plantes potagères	Vermicelle.	Raisiné.	Farine.	BEURRE. Frais	Salé.	Poisson.	Pruneaux.	Fruit.	Pomm. de terre	OEufs.	Lait.	FROMAGE. De Comt	De Brie.	Sel.	Poivre.	HUILE d'Olive.	d'œillet.	Sucre et Cassonu	Soupes maigres.	Graisse.	Vinaigre.	Salades.	Mélasse.
687 21	120 54	9 09	9 70	43 08	128 08	61 75	55 22	34 76	63 86	824	1437	37 90	7 38	222 07	1 28	2 56	4 07	86 72	1942	36 87	6 63	15	5 47
687 21	120 54	9 09	9 70	43 08	128 08	61 75	55 22	34 76	63 86	824	1437	37 90	7 38	222 07	1 28	2 56	4 07	86 72	1942	36 87	6 63	15	5 47

RE salé.	Poisson frais.	Prunea.	Raisiné	Pomme de terre.	OEufs.	Lait.	FROMAGE De Comté.	De Brie.	Sel.	Poivre.	Huile d'Olive	Sucre.	Vinaig.	Graisse	Salades	Mélasse	Huile d'œuill.
»	»	4 55	»	»	205 »	»	10 »	»	341	»	»	. »	»	»	»	55 92	»
»	»	146 »	307 »	63 86	300 »	1084	22 »	»	»	1 »	5	36 50	238	»	15	»	20
»	»	»	»	»	»	»	»	»	»	»	»	»	36 87	»	»	»
»	61 75	»	»	»	»	»	»	7 38	»	» »	»	»	»	»	»	»	»
08	»	»	»	»	»	353	5 90	»	100	» 28	»	50 22	»	»	»	»	»
8 08	61 75	150 55	307 »	63 86	1005	1437	37 90	7 38	441	1 28	5	86 72	238	36 87	15	55 92	20
8 08	61 75	55 22	9 09	63 86	824	1437	37 90	7 58	222 07	1 28	2 56	86 72	6 63	36 87	15	5 47	4 07
»	»	»	»	»	»	»	»	»	»	»	»	»	»	»	»	»	»
»	»	»	»	»	»	»	»	»	»	»	»	»	8 »	»	»	»	»
»	»	»	»	»	»	»	»	»	»	»	2 44	»	»	»	»	»	4 15
8 08	61 75	55 22	9 09	63 86	8 24	1437	37 90	7 38	222 07	1 28	5 »	86 72	14 63	36 87	15	5 47	8 20
8 08	61 75	150 55	307 »	63 86	1005	1437	37 90	7 58	441 »	1 28	5 »	86 72	238 »	36 87	15	55 92	20 »
8 08	61 75	55 22	9 09	63 86	824	1437	37 50	7 38	222 07	1 28	5 »	86 72	14 63	36 87	15	3 47	8 20
»	»	95 33	297 51	»	181	»	»	»	218 93	»	»	»	223 37	»	»	52 45	11 80

r les assaisonnemens des ragouts, œufs, etc.; distribués, pendant le mois de janvier 1808.

vice de la chapelle.

kilo. 92 déc. de viande en économie.

vinaigrettes, œufs, poisson.

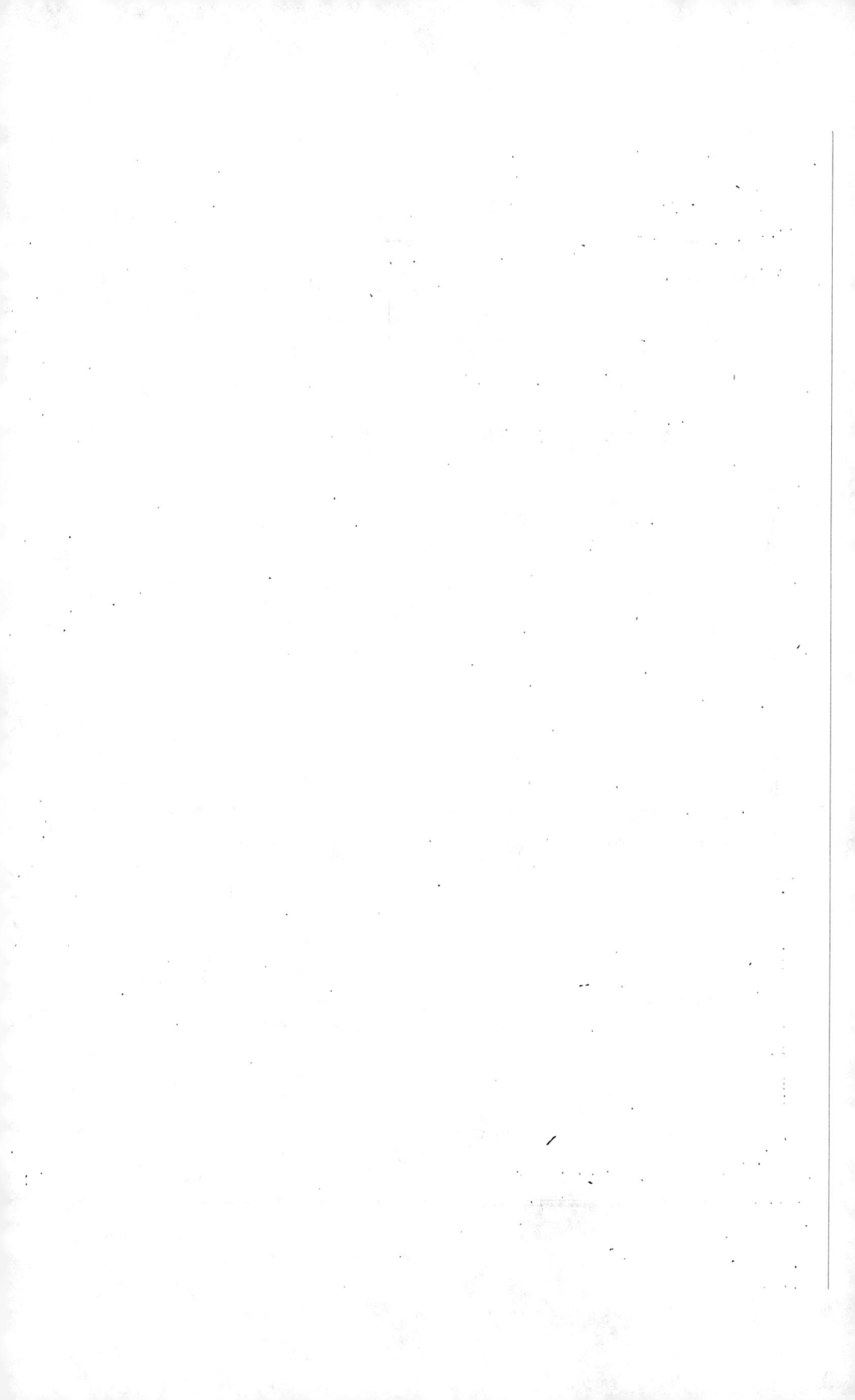

Tot. pour un mois	Nombre des		Total des consommateurs	PAIN. portions de							VIN. portions de						VIANDE. portions de						Nombsans Viand	LÉGUMES. Secs.		Frais
	Indigns.	Gens de service.		96 déca.	84	72	48	56	Supp pour soupe	Nomb sans Pain.	1 litr.	75	50	33	25	Nomb. sans Vin.	88	86	75	62	61	36		Haric	Lentil	
31 jours	6864	1008	7872	155	78	6536	323	93	280	398	109	124	1871	496	1983	280	323	376	4172	136	795	404	1584	129 5	162 7	9 54
	7872																									

Consommation en... Pain, 5123 kilo. 21 décagr. Vin, 3296 lit. 93 cent. Viande, 4478 kilo. 77 déca. 129 5 162 7 9 54

RÉCAPITULATION générale des Recettes et

RECETTE.	Pain.	Vin.	Viande	LÉGUMES Secs.		Frais	Plantes potagères.	Vermic	Fruit.	Farine	BEU. Frais.
				Haricot	Lentill.						
Il restoit au 1er. janvier 1808.............	» »	699 65	» »	200 »	55 »	5 60	120 »	44 95	»	26 »	2 »
Reçu des fournisseurs sur récépissé............	5070 24	3247 »	3481 »	» »	200 »	»	3217 76	50 »	»	»	28 »
—— Provenant de la cuisine.................	»	»	»	»	»	»	»	»	»	»	»
Achats de l'Agent, pendant le mois..........	»	»	»	»	5 »	»	»	» 1109 25	»	»
Recette d'ordre ou Bon provenant des économies	67 37	»	997 77	10 5	»	»	»	»	»	»	»
Total de la Recette......	5137 61	3946 66	4478 77	210 5	255 »	10 60	3337 76	94 95	1109 25	26 »	30 »
DÉPENSE.											
Consommé, suivant l'état ci-dessus..........	5123 21	3296 93	4478 77	129 5	162 7	9 »	542 11	14 45	1109 25	2 74	5 06
Pharmacie, suivant l'état rapporté..........	» »	82 »	»	»	»	»	»	»	»	»	2 »
Consommation extraord. suivant pièces justificativ	» »	62 »	»	»	»	»	2795 65	29 75	»	21 26	20 94
Total de la Dépense......	5123 21	3440 93	478 77	129 5	162 7	9 »	3337 76	44 20	1109 25	24 »	28 »
La Recette est de.............	5137 61	3946 66	4478 77	210 5	255 »	10 60	3337 76	94 95	1109 25	26 »	30 »
La Dépense est de.............	5123 21	3440 93	4478 77	129 5	162 7	9 »	3337 76	44 20	1109 25	24 »	28 »
Partant reste au 1er février 1808.............	14 40	505 73	» »	81 »	92 5	1 60	»	50 75	»	2 »	2 »

ÉTAT DES DENRÉES consommées en extraordinaire, tant pour remplacement de viande q

62 Litres de vin pour les femmes en travail et les élèves qui veillent.

2795 Kilo. 75 De plantes potagères, en remplacement de 997 kilo. 77 de viande en économie.

21 — 26 De farine pour épaissir la sauce des ragoûts et friture.

20 — 94 De beurre frais.............
26 — 24 De beurre salé......... .... } Pour assaisonnement de légumes verts, poisson.

40 — 41 De sel.....................
» 210 De poivre.... .... } Pour assaisonnement ci-dessus

COMESTIBLES DIVERS.

Fruit.	Farine.	Beurre.		Poisson.	Raisiné.	Pomm. de terre	OEufs.	Lait.	Fromage			Sel.	Poivre.	Huile		Sucre et Cassonn.	Soupes maigres.	Graisse.	Vinaigre.	Salades.	Mélasse.
		Frais	Salé.						De Comt.	De Brie.	De Maroll.			d'Olive.	d'œillet.						
109 25	2 74	5 06	42 56	12 57	64 35	384 78	1971	1393 39	41 97	58 38	60 33	168 59	35 4	» 88	7 63	11 56	1790	13 88	8 51	192 46	3 58
109 25	2 74	5 06	42 56	12 37	64 35	384 78	1971	1393 39	41 97	58 58	60 33	168 59	0354	» 88	7 63	11 56	1790	13 88	8 51	192 46	358

sson ais.	Prunes.	Raisiné.	Pomme de terre.	OEufs.	Lait.	FROMAGE			Sel.	Poivre.	Huile d'Olive	Sucre.	Vinaig.	Graisse	Salades	Mélasse	Huile d'œuill.
						De Comté.	De Marolle	De Brie.									
»	88 58	»	100	262	»	»	»	»	431	1 389	50	»	168	»	»	63 78	»
»	145 »	513 »	369 78	2200	1253	49 50	60 »	»	»	»	7 50	10 »	209	»	192 46	. »	33 »
»	»	»	»	»	»	»	»	»	»	»	»	»	»	20 50	»	»	80 »
57	»	»	»	»	»	»	-»	58 38	»	»	»	»	»	»	»	»	»
»	»	»	»	»	145 39	4 47	» 35	»	60	»	»	1 56	»	»	»	»	»
37	233 58	513 »	469 78	2462	1398 39	53 97	60 55	58 38	491	1 389	8	11 56	377	20 50	192 46	63 78	113 »
37	»	64 55	384 78	1971	1393 39	41 97	0 35	58 58	168 59	354	88	11 56	8 51	13 88	192 46	5 58	7 63
»	»	»	»	21	5 »	»	»	»	»	»	»	»	»	»	»	»
»	54 32	»	»	414	»	»	»	»	40 41	210	7 »	»	42 49	6 62	»	»	20 »
37	34 32	64 55	384 78	2406	1398 39	41 97	60 33	58 38	209 »	564	7 88	11 56	51 »	20 50	192 46	5 58	27 63
37	233 38	513 »	469 78	2462	1398 39	53 97	60 33	58 58	491 »	1 389	8 »	11 56	377 »	20 50	192 46	65 78	113
37	34 32	64 55	384 78	2406	1398 39	41 97	60 33	58 38	209 »	564	7 88	11 56	51 »	20 50	192 46	5 58	27 63
»	199 06	448 65	85	56	»	12 »	»	»	282 »	825	12	»	526	»	»	60 20	85 37

les assaisonnemens des ragoûts, œufs, etc, distribués, pendant le mois de janvier 1808.

7 Kilo. » d'Huile d'olive............... } Pour légumes, vinaigrette, poisson.
10 —— » —— d'œillet. .... }
42 —— 49 De vinaigre pour assaisonnement et propreté.
6 —— 62 De graisse pour légumes, ragoût.
29 —— 75 De vermicelle .... }
54 —— 75 De pruneaux................ } Distribués suivant l'ordonnance de Médecin et la Sage-Femme en chef.
414 OEufs... .... }

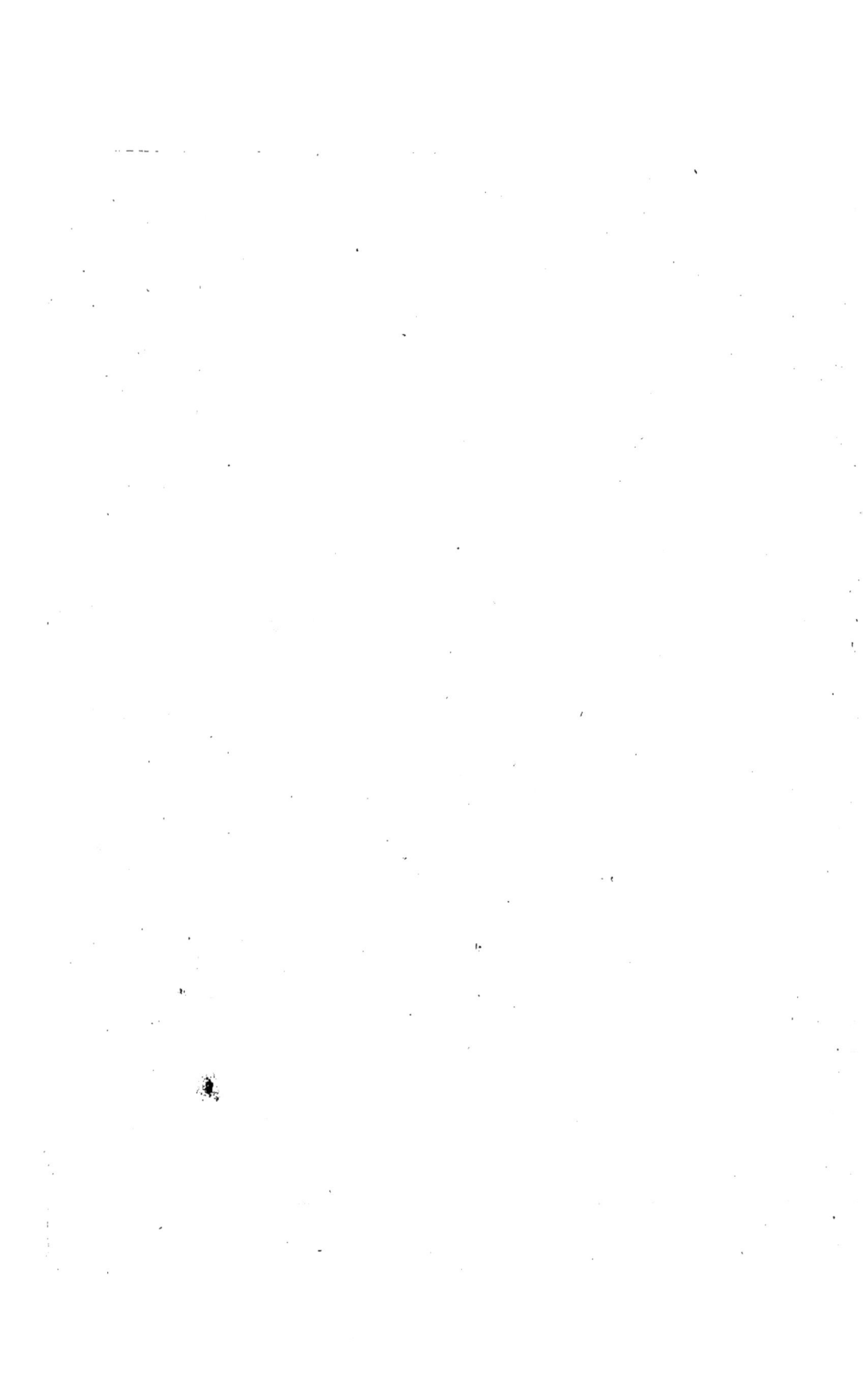

SERVICE INTÉRIEUR DES DEUX SECTIONS.

Magasin des Layettes, Toiles, Étoffes et objets de coucher pour le service
intérieur des deux sections et pour l'Ecole d'Accouchement.

Ce magasin et celui des layettes, pour le service des enfans placés à la campagne (dont
il a été donné le détail), se trouvent sous la direction de la même surveillante.

Il est divisé en trois parties distinctes.

1º. Ce qui est destiné au service de la Section d'Allaitement ;

2º. Ce qui appartient à la section d'Accouchement ;

3º. Ce qui est consacré à l'Ecole des Elèves Sage-Femmes.

Il est tenu par la surveillante des registres séparés de recette et dépense en marchandises
pour chacune de ces classes.

Le service de ce magasin est direct ou indirect envers les individus qui habitent l'é-
tablissement.

Il est direct quant à l'habillement des surveillantes et des gens de service; il est indirect
quant aux objets de layette pour les enfans soignés dans l'intérieur, et quant au linge
destiné aux adultes de toute classe; c'est-à-dire que les surveillantes y reçoivent immédiatement l'étoffe destinée à les vêtir ; que les gens de service, hommes et femmes, viennent y prendre et y rapportent, suivant le retour des saisons, leurs habillemens d'été ou
d'hiver ; et que quant aux objets de layette ou de linge pour adultes, ils sortent de ce
magasin pour être reçus, inventoriés et classés, savoir : les objets de layette dans les
lingeries des emplois des crèches et des nourrices, et le linge dans les lingeries générales de l'Allaitement, de l'Accouchement et des élèves sage-femmes, sur les bons des
surveillantes, ainsi qu'on le verra au chapitre *Lingeries.*

BASE ET MODE DE L'APPROVISIONNEMENT ANNUEL POUR L'ENTRETIEN.

Pour les enfans.

Le nombre des berceaux à la crèche, à l'infirmerie de la crèche, aux nourrices sédentaires, et pour les enfans aux accouchées, étant déterminé comme on l'a vu au détail de
chaque emploi, on part, pour connoître les besoins d'entretien annuel, d'un fond d'établissement en objets de coucher et de layette qui doit subsister, et qui est basé sur tout
ce que le besoin du change journalier, les lenteurs présumées dans le blanchissage, sur-
tout en hiver, la détérioration dont les objets sont susceptibles, et l'économie nécessaire
dans un hopital, peuvent raisonnablement offrir.

Pour les adultes.

On fait le même calcul par lit : ainsi , par exemple , on forme le fond d'établissement des draps sur le pied de 4 paires par lit, par personne, les tabliers de 6, etc. , etc.

Puis calculant dans quelle proportion raisonnable chaque objet en particulier est susceptible d'être renouvelé , en raison de l usage plus ou moins fréquent que l'on en fait , on dresse l'état général des besoins de chaque espèce pour l'année ; et comme cette dépense, qui est annuelle , entre , au moins approximativement pour portion , dans la composition du budjet, il en résulte qu'on trouve de quoi l'acquitter , et sur les fonds affectés au service des deux sections, et sur le produit des pensions des élèves sage-femmes.

Ces bases posées, l'on adresse chaque année à l'Administration , comme pour les objets de layette , un état général des besoins pour les deux sections, et pour l'école d'accouchement , avec les échantillons à l'appui.

L'Administration , après avoir délibéré sur la demande et l'avoir approuvée , fait faire des affiches, et procède à jour dit à l'adjudication au rabais.

Les fournisseurs livrent dans les termes indiqués, conformément aux formalités décrites au chapitre du *Magasin des Layettes.*

La surveillante porte en recette sur le registre de chacune des deux Sections, ou de l'école d'accouchement , les objets qui leur sont respectivement destinés.

Les matelats sont confectionnés , sous sa surveillance , par un entrepreneur de cardage, suivant un prix déterminé , au moyen duquel il ne lui est fourni ni fil, ni ficelle ; il reçoit de la surveillante les toiles toutes coupées.

Les objets de linge pour les adultes , et de layette pour les enfans, sont aussi coupés par elle et confectionnés à l'ouvroir.

Les objets revenus , faits au magasin , sont portés en recette, et le montant de ce qu'ils ont consommé en toile ou étoffe, diminue ou absorbe l'actif de ces derniers objets suivant ce qui a été confectionné.

La livraison des divers objets dans les emplois, a lieu comme il a été dit au commencement du présent chapitre , sur des bons des surveillantes, visés par l'Econome. Les surveillantes portent ces objets en recette sur leur inventaire, pour en demeurer comptables , ainsi que de tout le mobilier qui se trouve dans leurs emplois respectifs.

Les bons délivrés à la surveillante des magasins, forment, avec ses restans en fin d'année, la balance de ses comptes.

Les matelas , traversins et couvertures se délivrent par voie d'échange ; c'est-à-dire que contre un de ces articles, ou usé , ou mal-propre, il en est donné un autre ou neuf ou nétoyé.

Lorsque ces objets sont hors de service , la surveillante n'en est déchargée que sur un procès-verbal d'annullation , signé par le membre de le commission chargé de l'établissement.

La surveillante des magasins est encore chargée de la recette des objets de layette et vêture dont se trouvent couverts les enfans abandonnés arrivans, ainsi qu'on l'a vu à l'article *des Enfans à la Créche.* Elle classe ces objets, les fait blanchir, les garde en magasin; tous les trois mois, il est dressé état de ceux qui sont bons à annuller et de ceux qui sont susceptibles de servir : ces derniers, portés en recette sur son registre intitulé *Allaitement intérieur,* viennent augmenter son actif en objets de layette ; ils sont distribués particulièrement dans les emplois des crèches comme des objets neufs, et sur des bons des surveillantes.

OUVROIR OU ATELIER DE TRAVAIL.

DÉPENSE DE CONFECTION.

Comptabilité.

Cet atelier, qui existe dans la Maison d'Allaitement, est situé à l'exposition du nord et du midi ; il consiste dans une pièce très-vaste, bien aérée, et chauffée en hiver par un très-gros poële.

Les femmes qui y travaillent sont rangées autour des tables qui régnent dans tout le pourtour de la salle ; au milieu est un comptoir élevé dans lequel se place la directrice de travaux.

On confectionne dans cet atelier toutes les pièces qui composent :

1°. Les layettes, demi-maillots et vêtures des enfans qui partent pour la campagne ou qui y sont élevés.

2°. Les objets de layette destinés à vêtir les enfans pendant leur séjour dans l'Etablissement ;

3°. Tout le linge destiné aux adultes qui existent dans l'Hospice.

Chaque matin la directrice reçoit de la surveillante des magasins, une quantité de layettes ou autres objets tout coupés et prêts à être confectionnés; elle les distribue par pièces aux ouvrières, en ayant soin de donner toujours aux femmes les mieux exercées au travail de l'aiguille, les objets qui exigent le plus de soin.

La femme enceinte confectionne son article, le rapporte à la directrice qui l'examine, et elle reçoit à l'instant de cette remise le salaire qui y est attaché, conformément aux prix portés dans le tableau ci-après.

Tableau des objets confectionnés à l'Ouvroir, pendant l'année 1807.

DÉSIGNATION des objets confectionnés.	Quantité confectionnée dans l'année.	Prix par pièce conformément au tarif.		Dépense par article et pour l'année	
		Centimes.		fr.	cent.
Béguins.	20011	à 1	½	300	16
Bonnets d'indienne.	14289	à 3	¾	535	81
Brassières de laine.	5032	à 2	½	119	41
Chemises à brassières.	14120	à 3	¾	529	47
Brassières d'indienne.	228	à 5	»	11	40
Couches.	25790	à 1	½	388	25
Langes piqués.	6192	à 5	,,	309	60
Langes de laine.	770	à 2	½	19	23
Chemises de vêture.	12985	à 10	»	1298	50
Chemisettes.	2136	à 7	½	159	18
Jupons.	1997	à 7	½	149	74
Robes.	4611	à 10	»	461	10
Fichus de garat.	14928	à 1	½	223	92
——— de toile.	11000	à 1	¼	137	50
Petits fichus doubles.	200	à 2	½	5	»
Chemises de femmes.	133	à 15	»	36	45
Camisoles de couche.	206	à 10	»	20	60
Chemises d'hommes.	28	à 20	»	5	60
Draps.	235	à 20	»	47	»
Tayes d'oreiller.	125	à 7	½	9	37
Tabliers plissés.	560	à 10	»	56	»
Serviettes.	635	à 3	¾	23	80
Torchons.	886	à 2	½	22	15
Tabliers à cordons.	302	à 5	»	15	56
Grands fichus.	134	à 15	»	20	10
Houpelandes.	6	à 50	»	3	»
Camisoles de drap.	6	à 35	»	2	10
Jupons de drap.	41	à 15	»	6	15
Grandes paillasses.	82	à 15	»	11	80
Grands paillassons.	40	à 10	»	4	»
TOTAUX.				4931	89

La femme enceinte est obligée pour ces divers prix de se fournir d'aiguilles , de fil , de ciseaux , etc. : la directrice a un dépôt de ces objets , et les débite au fur et à mesure des besoins , aux femmes qui lui en paient aussitôt le montant.

Lorsque la directrice de l'atelier a réuni tous les objets qui lui avoient été donnés en compte par la surveillante des magasins , elle les lui rend tout confectionnés , et en reprend d'autres.

Le tableau ci-contre a dû donner une idée de la quantité considérable d'objets qui se confectionnent à cet atelier ; et en rapprochant la masse avec le montant de la dépense , l'on a pu juger si , indépendamment de l'avantage qu'il y a d'occuper les femmes enceintes , l'Établissement n'en retire pas un très-grand lui-même par la modicité des prix qu'il paie , comparée à ce qu'il auroit à débourser s'il faisoit travailler dehors.

Les femmes enceintes doivent observer le silence pendant les heures de travail.

Un quart d'heure avant que la cloche sonne pour les repas , elles se lèvent, rangent les chaises , balaient l'atelier tour-à-tour et descendent.

Le chef de comptabilité a un registre ouvert pour la dépense de cet atelier; les fonds qui servent au paiement des femmes sont toujours remis d'avance à la surveillante des magasins qui en est comptable.

A la fin du mois , elle remet un état de confection qui sert à établir la dépense , ainsi qu'on le verra à l'article *Comptabilité en Deniers*.

LINGERIE.

Trois sortes de lingeries sont établies dans l'Hospice, deux dans la Section d'Allaitement, et une dans celle de l'Accouchement.

La première , dite lingerie générale, distribue le linge nécessaire à toutes les personnes qui sont dans la Section d'Allaitement.

Le seconde est exclusivement réservée au linge des élèves sage-femmes. L'ordre a exigé que cette lingerie fût isolée des autres; elle est tenue par la surveillante du magasin général.

La troisième enfin fournit à tous les besoins de la maison d'Accouchement.

Nota. Il a été dit, au chapitre Magasin général pour l'intérieur, comment se faisoient les approvisionnemens, et de quelle manière il étoit procédé à la confection des objets de linge, de layette ou de vêture.

De quelle manière les surveillantes des Lingeries reçoivent le linge neuf.

Les surveillantes de chacune de ces lingeries reçoivent de la surveillante du magasin général, à laquelle elles donnent une décharge qui justifie sa dépense, tous les objets de linge confectionnés à l'ouvroir, à l'exception des layettes et vêtures, qu'on délivre pour les enfans abandonnés aux surveillantes de la crèche, de l'infirmerie de la crèche, à celle des nourrices sédentaires, et pour le service extérieur de ces enfans.

Mode de comptabilité des Lingeries.

Ces surveillantes tiennent chacune un registre sur lequel elles portent les articles de recette, qui doivent toujours se trouver en balance avec ceux portés sur le registre de dépense de la surveillante du magasin général.

Les surveillantes des emplois de la Section d'Allaitement, la surveillante des élèves sage-femmes et celle des femmes en couche, se chargent, par des bons signés d'elles, qu'elles remettent aux surveillantes de leurs lingeries respectives, de tous les objets de linge à l'usage des personnes de leurs emplois.

Néanmoins, pour éviter la confusion et pour que le service ne souffre point, à cause des mutations sans nombre qui ont lieu dans cette maison, elles ont soin de calculer leur demande d'après le nombre des lits, de manière à avoir une réserve pour les cas extraordinaires.

A mesure que le linge est sale, les surveillantes l'envoient aux lingeries, où elles en reçoivent une pareille quantité de blanc.

Linge fourni aux surveillantes et gens de service.

Il est fourni aux surveillantes des deux Sections, sur des bons, une certaine quantité de linge destiné à leur usage personnel; elles en sont responsables et le donnent à blanchir.

Les berceuses, les filles de service et les hommes de peine, sont aussi fournis de linge; mais ils n'en ont qu'une quantité déterminée par semaine, et il leur est délivré au fur et à mesure qu'ils rendent le sale.

Lorsque la vétusté l'exige, il est procédé, par le membre de la Commission administrative, chargé spécialement de la surveillance de cet Hospice, à des annullations de linge; il en est dressé un procès-verbal signé de lui, de l'Agent et de l'Econome; ce procès-verbal est remis aux surveillantes des lingeries respectives où les annullations ont eu lieu. Les vieux linges qui en résultent servent pour les pansemens, les nombrillages, les oreilles des enfans, etc.

Pour établir leur dépense, les surveillantes des lingeries portent sur un registre les quantités indiquées dans les procès-verbaux d'annullation, en distinguant le tout par nature d'objets; leur restant, ajouté à cette dépense, au nombre de pièces en circulation pour linge fourni aux personnes de service, et au nombre de pièces mises au blanchissage, doit balancer leur recette.

Tous les trois mois, elles doivent faire inventaire, et justifier de leur recette et dépense à l'Agent et à l'Econome.

Tous les objets de ces lingeries sont entretenus et raccommodés par des filles de service, au petit nombre desquelles on supplée par des femmes enceintes admises avant terme, sous la condition de travailler gratuitement.

Il n'y a aucune fixation dans la distribution du linge aux indigens, et sur-tout aux femmes en couche : le besoin seul en détermine la consommation.

Les surveillantes des lingeries sont aussi chargées de remettre le linge sale à la blanchisseuse. Elles sont personnellement responsables du linge qui pourroit manquer.

BLANCHISSAGE.

Le blanchissage du linge des deux Sections de l'Hospice est fait par une blanchisseuse qui, par suite d'un marché consenti par elle et par l'Administration, s'engage à faire ce service, moyennant un prix qu'on lui accorde par journée, de tous les individus, enfans ou adultes, qui composent cet établissement.

Elle reçoit le linge des surveillantes des trois lingeries; des surveillantes pour ce qui regarde le linge à leur usage personnel; des surveillantes de la crèche, des nourrices sédentaires et des femmes en couche, pour celui des objets de layette des enfans abandonnés des enfans appartenans aux nourrices sédentaires, ou entre leurs mains, et des enfans nés à l'Hospice.

Elle doit rapporter le linge tous les huit jours.

Mode de Comptabilité.

Chaque mois l'Econome dresse l'état du nombre des journées de tous les individus qui ont existé dans l'Hospice pendant cet espace de tems ; mais cet état, qui doit servir à la blanchisseuse de titre de créance envers l'Administration, ne lui est délivré par l'Econome que sur les certificats qu'elle lui remet de toutes les surveillantes qui lui ont donné du linge, et qui attestent que tout a été rapporté : dans le cas où il en manqueroit quelque pièces, l'Econome en fait mention sur l'état du nombre des journées, afin que l'Administration exerce, sur la somme qui est due à la blanchisseuse, la retenue du prix de leur valeur.

SERVICE DE SANTÉ.

On a vu que l'on admettoit dans cet établissement, des enfans, des nourrices, des femmes enceintes et des femmes en couche.

Quoique la plupart de ces individus ne soient point, à leur entrée dans l'Hospice dans un état de maladie reconnu, comme les autres personnes que l'on reçoit dans les Hopitaux, l'état de leur santé exige néanmoins les secours de l'art : les enfans, sous le rapport de la foiblesse de leur âge, du prompt développement des maladies qu'un grand nombre d'entr'eux apportent en naissant ; les nourrices, sous le rapport de la conservation de leur lait, dont la moindre altération peut être préjudiciable à la santé des enfans auxquels elles donnent leurs soins ; et les femmes enceintes et en couche, sous le rapport des indispositions qui peuvent précéder ou suivre l'accouchement.

Il se présente des cas plus graves qui exigent que l'art déploye ses ressources, c'est l'état de maladie réelle.

On a donc disposé quatre sortes d'infirmeries pour recevoir les personnes malades; savoir :

Dans la Section d'Allaitement,

Une exclusivement réservée pour les enfans abandonnés. Une autre, appelée *Infirmerie générale*, où l'on reçoit les nourrices sédentaires et leurs enfans, les femmes enceintes de la Section d'Allaitement, les berceuses et les filles de service ; (les hommes de peine malades sont envoyés à l'Hopital Cochin).

Dans la Section d'Accouchement,

Une destinée à recevoir les femmes en couche;

Une autre pour les élèves sage-femmes.

Pour conserver, soigner ou rétablir la santé de toutes les personnes qui composent cet Hospice, on a établi un service de santé, ainsi qu'il est présenté dans le tableau de l'organisation.

Dans l'état actuel des choses, le médecin est chargé de l'infirmerie générale, de l'infirmerie des femmes en couche et de celle des élèves sage-femmes ; le chirurgien est chargé de la crèche, de l'infirmerie de la crèche, des nourrices sédentaires et de leurs enfans, et des gens de campagne.

Chaque matin le chirurgien fait sa visite. Son arrivée est annoncée par une cloche qui avertit l'élève en chirurgie de se rendre à l'infirmerie de la crèche, avec le cahier de visite; et les nourrices sédentaires et leurs enfans qui éprouveroient quelque dérangement dans leur santé, de se réunir dans l'office de la surveillante de leur emploi, ainsi que les nourrices, ou sédentaires ou de campagne, arrivées la veille.

A l'infirmerie de la crèche, le chirurgien visite tous les enfans, fait porter sur le cahier de visite toutes les prescriptions relatives à leur état de maladie, puis se rendant à l'office de la surveillante des nourrices, il juge si celles qui viennent le consulter pour elles ou pour leurs enfans, sont assez malades pour être envoyées à l'infirmerie générale; dans le cas contraire, il leur ordonne une tisanne simple; visite ensuite le lait de la nourrice sédentaire ou de campagne qui se présente, et décide s'il y a lieu à les admettre, s'assure si l'enfant abandonné entre les mains de la nourrice sédentaire; et que l'on veut envoyer à la campagne, est assez fort pour supporter les fatigues du voyage, et s'attache scrupuleusement à examiner si l'enfant qu'il lui a fait confier ne peut point compromettre sa santé.

Ensuite il se transporte à la crèche; il constate l'état physique de tous les enfans qui y sont déposés, juge suivant leur état de santé, de faiblesse ou de maladie, s'ils peuvent être remis entre les mains des nourrices de campagne, ou envoyés à la vaccine, ou entre les mains des nourrices sédentaires; ou s'ils doivent être transportés à l'infirmerie de la crèche, ou à l'hopital des vénériens, ou à tout autre hopital, dans le cas où leur maladie seroit contagieuse.

La destination de toutes ces personnes est toujours portée, ainsi qu'il a été dit, sur un bulletin signé de lui.

Le chirurgien est aussi chargé du réglement des mémoires de médicamens et des honoraires des officiers de santé, qui ont donné leurs soins aux enfans placés à la campagne, et de faire revenir les nourrices et les enfans à Paris, pour y être traités suivant les circonstances.

Chaque matin, mais à une heure différente de celle du chirurgien, le médecin en chef vient faire sa visite.

L'élève en chirurgie, les femmes enceintes de la Section d'Allaitement, les berceuses et filles de service qui éprouvent quelques indispositions, également avertis par la cloche de l'arrivée du médecin, se transportent à l'infirmerie générale, où il visite les malades, se fait rendre compte de tous les détails relatifs à leur état; ordonne, si la maladie est contagieuse, l'évacuation dans un hopital spécial, ou la réintégration dans leur emploi, si leur santé le leur permet; écoute les femmes enceintes et les filles de service qui viennent le consulter; juge s'il y a lieu à les admettre à l'infirmerie générale, ou les met à la tisanne simple.

Il passe ensuite à la Section d'Accouchement, toujours accompagné de l'élève en chirurgie; une cloche annonce son arrivée à la sage-femme en chef et aux élèves sage-femmes.

La sage-femme en chef l'accompagne dans sa visite.

Les élèves l'attendent chacune au lit de la femme qu'elles sont chargées de soigner.

Chacune de ces élèves lui remet le bulletin clinique qu'elle a rédigé sur l'état de la femme en couche malade confiée à ses soins, lequel bulletin indique le numéro de son lit, son nom, sa constitution physique, les diverses circonstances qui ont précédé, accompagné ou suivi l'accouchement; les symptômes, la marche de la maladie, les changemens qui y surviennent, les effets des médicamens prescrits la veille. Le médecin reçoit ces bulletins l'un après l'autre, en vérifie l'exactitude au pied du lit de la femme, en présence de l'élève, et les remet tous à la sage-femme en chef chargée de les recueillir.

20

Il décide s'il y a lieu , dans le cas de maladie indépendante de la couche , à l'évacuation dans un autre hôpital. Après le délai fixé pour leur séjour , il ordonne le prolongement du terme qui leur est accordé , si la maladie l'exige , ou si la femme en couche veut faire fonction de nourrice sédentaire , il examine si elle a les qualités requises.

Lorsqu'il y a quelqu'élève malade , il se transporte à leur infirmerie. L'élève malade est gardée tour-à-tour par une de ses compagnes , afin qu'elles contractent toutes par la suite l'habitude des soins qu'elles doivent avoir pour les femmes qui leur seront confiées.

Le médecin en chef s'assure fréquemment lui-même de la qualité des alimens destinés aux femmes en couche.

Le médecin peut donner ses soins à toutes les classes d'individus de l'Hospice : il suit particulièrement les enfans qui présentent quelques vices de conformation , et , après leur mort , il fait faire sur eux des recherches anatomiques dont il tient des notes exactes.

Pendant tout le tems de la visite du médecin en chef , l'élève en chirurgie porte sur le cahier toutes les prescriptions ordonnées ; il remet ce cahier à la pharmacie. , ainsi que celui du chirurgien ; ensuite il fait les saignées et les pansemens ordonnés par l'un ou l'autre , constate les décès , et se livre à tous les devoirs que sa place lui impose.

Les visites du médecin et du chirurgien ne se bornent pas toujours à celle du matin ; suivant l'exigence des cas ils en font une autre le soir. Ils se réunissent , s'il y a lieu , en conseil de santé avec les deux médecins honoraires-consultans , et se rendent tous les six mois auprès du Conseil-général d'Administration des Hospices et Hôpitaux , pour lui communiquer leurs vues sur les moyens d'améliorer le service de santé.

On va parler ici des différentes maladies qui attaquent particulièrement les enfans et les femmes en couche que l'on reçoit dans cet établissement ; des divers procédés imaginés pour faire céder ces maladies. Cette digression aura lieu pour faire voir avec quel empressement l'Administration seconde le zèle et les lumières des officiers de santé de cet Hospice , pour arriver au bien être général.

Beaucoup d'enfans nouveau nés , que l'on apporte à l'Hospice , sont frappés de l'induration , ou endurcissement du tissu cellulaire.

Les médecins et l'Administration n'ont épargné ni peine , ni dépense pour tenter des moyens curatifs. On a essayé :

1°. Des bains d'un sable léger et d'un dégré de chaleur déterminé , dans lesquels l'enfant étoit plongé : cette expérience n'a pas présenté tous les succès qu'on en attendoit ;

2°. On a construit à grands frais deux étuves , l'une pour réchauffer les enfans saisis par le froid au moment de leur arrivée à l'Hospice ; l'autre pour traiter ceux attaqués de l'induration. Dans cette dernière étuve étoit placée une petite baignoire qui recevoit la vapeur d'une eau mise en ébullition , et dont la chaleur étoit graduée suivant l'ordonnance des officiers de santé , par le moyen d'un réfrigérant à registre. L'enfant induré étoit étendu sur une petite claie , qui permettoit qu'il fût soumis dans tous les sens à la vapeur. Cette fumigation administrée , l'enfant étoit reporté à la première étuve , afin qu'il ne passât pas immédiatement d'un air trop chaud à un air trop froid. On a remarqué que dans sa première invasion la maladie a cédé ; mais que, parvenue à un certain période, elle a résisté. On a joint ensuite le massage aux fumigations ; on a obtenu des succès, mais trop partiels pour que la sollicitude des médecins se bornât à des résultats qui ne présentoient la guérison complète que de quelques enfans.

M. Auvity, chirurgien de cet Hospice, s'occupe encore dans ce moment, pour diminuer les progrès de cette maladie, de procédés qui ont réussi sur plusieurs enfans, mais dont le succès complet doit être garanti par des expériences plus long-temps réitérées.

Le muguet, maladie très-commune chez les enfans, a encore excité la vive sollicitude de l'Administration et des officiers de santé. Plusieurs moyens ont été trouvés pour rendre cette maladie moins meurtrière.

Les alimens qu'on donne aux enfans nouveau nés, ont aussi particulièrement fixé l'attention des médecins et de l'Administration, qui s'est fait présenter un régime approprié à leur état. Il a été reconnu que la bouillie et la crême de riz étoient trop nourrissantes pour les enfans que l'on apporte, qui sont presque tous chétifs ; que la crême de pain n'étoit point assez substancielle, qu'elle défaisoit leur estomac et leur donnoit la diarrhée. On leur a substitué la semouille, qui paroît présenter les avantages qu'on en attendoit.

Le sucre qui est prescrit par le régime, étant devenu, par son renchérissement, un objet de consommation très-coûteux, l'Administration a consulté le médecin sur les moyens de remplacer cette substance ; et dans l'avis motivé qu'il a donné à cet égard, M. Chaussier fait observer que, sans doute, le sucre est agréable, indispensable dans quelques cas, surtout pour des personnes qui, depuis long-temps, en font usage, mais qu'il n'est pas nécessaire pour des enfans naissans, qui n'en ont encore aucune habitude ; que le sucre même, tel qu'il est fourni maintenant, brun et chargé de mélasse, que la cupidité y a fait introduire, est plus nuisible que favorable à la santé des enfans.

Il y a 500 ans, dit-il, que le sucre étoit à peine connu en Europe ; il était alors spécialement réservé pour des préparations médicamenteuses, ou pour quelques mets d'un luxe recherché, et cependant les enfans de ces siècles passés étoient au moins aussi forts, aussi vigoureux, aussi bien nourris que ceux de nos jours. Quand Albret reçut dans ses bras son fils naissant, au lieu de lui donner à boire de l'eau sucrée, il lui frotta les lèvres avec de l'ail, et lui mit du vin dans la bouche, et quoique le jeune Henri n'eût pas pris de sucre, il n'en fut pas moins fort, courageux et bon.

Qu'exigent les enfans naissans ? continue M. Chaussier, la chaleur, la propreté, le bon air, le lait, des boissons douces, légères, nourrissantes, et d'une digestion facile.

Quand un enfant naissant est apporté à l'Hospice, comme le premier objet est de procurer l'évacuation du méconium, au lieu de lui donner de l'eau sucrée, on remplira bien mieux l'objet en mettant sur quatre onces d'eau, 5 ou 6 gros de miel, ou sirop de miel, qu'on fera prendre par cuillerées à l'enfant ; et, lorsqu'il sera nécessaire, on aura recours, d'après la prescription du médecin, au sirop de rhubarbe ou de pêcher.

Quant aux boissons habituelles pour les enfans , on aura le lait pur ou coupé, auquel on ajoutera quelques grains de sel.

On préparera une décoction de gruau d'orge ou de mie de pain, que l'on fera bouillir dans de l'eau avec de la réglisse concassée, et lorsque la décoction sera passée , on y ajoutera un peu d'eau de fleur d'orange , ou de canelle , ou d'anis , ce qui remplira le double objet de fournir une nourriture saine et légère , et de soutenir l'action de l'estomac.

On pourra aussi se servir avec avantage de ces décoctions de gruau d'orge ou de pain pour couper le lait que l'on donne aux enfans.

Pour ceux qui sont plus âgés, et auxquels on donne du vermicelle ou des panades, on y ajoutera , au lieu de sucre, quelques grains de sel , ce sera même un moyen de prévenir ou d'éloigner les affections vermineuses.

Tels sont les moyens qui ont été prescrits pour remplacer le sucre, et qui s'observent exactement.

On faisoit usage, pour donner du lait aux enfans nouveau nés de la Crèche , d'un biberon d'étain ou d'une petite bouteille de verre, dont l'orifice étoit garnie d'une éponge : on a senti l'inconvénient qui pouvait en résulter pour leur santé, dans le cas où une berceuse, par un défaut de soin, ne présenteroit à la succion que le bout d'étain ou l'éponge non imprégnée de lait : on a donc préféré l'usage du gobelet.

Plusieurs enfans, par suite de l'accouchement long et laborieux de leurs mères, naissoient à l'Hospice dans un état d'asphyxie ; ils étoient secoués, agités , quelquefois plongés dans un bain chaud ; ou bien , par le moyen d'un tube , on leur insuffloit , par la bouche ou par les narines , de l'air qui ne s'introduisoit pas toujours dans les poumons.

M. Chaussier, pénétré de l'insuffisance de tous ces moyens, a inventé un instrument appelé *sonde du larynx*, ou tube laryngien, à l'aide duquel il fait parvenir l'air dans les poumons par l'ouverture naturelle de la glotte : l'usage de cet instrument a présenté un succès complet.

Dans tous les hôpitaux où l'on reçoit des femmes en couche, on connoît la maladie désignée le plus particulièrement sous le nom de fièvre puerpérale.

L'ipécacuanha, administré à dose suffisante, avoit été jusqu'à présent un des moyens qu'on avoit employés avec le plus de succès. Voulant en obtenir de plus grands encore, M. Chaussier a fait construire une machine fumigatoire propre à remplir cet objet : c'est une bouilloire de fer blanc, dans laquelle on met de l'eau chaude avec quelques plantes émollientes et légèrement aromatiques, dont on détermine l'ébullition au moyen d'un fourneau rempli de braise allumée : le couvercle de cette bouilloire porte un large tuyau recourbé, qui, placé sous les couvertures relevées par un arceau , peut, en communiquant une vapeur chaude, humide et légèrement aromatique, procurer autour du corps de la femme un atmosphère propre à rappeler la perspiration de la peau.

Pour désinfecter l'air des salles, on faisoit usage de genièvre , de vinaigre , etc. On y a d'abord substitué la machine désinfectante de Guyton-Morveau ; mais le soin de l'évaporation du gaz étant confié à des filles de service, il pouvoit en résulter des inconvéniens pour la santé des femmes.

M. Chaussier a remplacé cette machine par différens paquets, dont il varie la composition suivant les circonstances, et qui, brûlés partout où il en est besoin, offrent l'avantage, par les fumigations, de désinfecter l'air de plusieurs salles à-la-fois, et dans le même moment.

PHARMACIE.

La pharmacie de cet Hospice est établie à la Section d'Accouchement.

Les drogues et les médicamens sont fournis, ainsi qu'à toutes les autres maisons, par la Pharmacie centrale des Hopitaux et Hospices civils de Paris, qui est chargée de l'achat de toutes les matières premières, de leur confection et de leur répartition dans les hopitaux.

Le pharmacien forme ses demandes tous les mois; il prend pour base la consommation en médicamens du mois précédent, et pour que le service ne manque pas, il les calcule avec ses restans, de manière qu'il soit approvisionné pour six semaines. Ses demandes ne sont admises à la Pharmacie centrale que lorsqu'elles sont revêtues de la signature du médecin en chef de la maison, et de l'autorisation signée du membre de la Commission administrative des Hospices, chargé du service de santé. Le montant ne lui en est délivré que lorsqu'il a signé sur un registre, tenu au bureau de la comptabilité de la Pharmacie centrale, un certificat qui atteste que la qualité des drogues qu'il reçoit est bonne, et que sa quantité est la même que celle demandée.

Les drogues reçues par le pharmacien, sont portées sur un registre de recette et de dépense des médicamens, distribué en autant de colonnes qu'il y a d'articles dans sa pharmacie; elles sont ensuite placées dans des bocaux étiquetés : ces bocaux sont rangés sur des rayons qui occupent tout le fond de la pharmacie. En face est une pièce appelée *Laboratoire*, dans laquelle des fourneaux sont disposés pour faire les tisannes ou autres préparations qui exigent le concours du feu.

Le pharmacien reçoit chaque jour de l'élève en chirurgie, les cahiers de visite signés du médecin, du chirurgien et de la sage-femme en chef.

Il fait d'abord, sur des papiers isolés, le relevé de ces différens cahiers; porte, pour chaque personne, l'indication de la salle, le n°. du lit, son nom, et la dose des médicamens, potions ou tisannes ordonnés; prépare ensuite, pour chacune d'elles, ce qui a été prescrit; attache chacun de ces papiers à la fiole, ou pot, ou à tout autre objet qui renferme ce qui a été ordonné, et les fait porter à leur destination.

Tous les matins ces fioles ou pots sont recueillis dans les infirmeries, et l'on veille scrupuleusement à ce qu'ils soient bien lavés.

Les denrées qui entrent dans la préparation des médicamens, lui sont fournies dans la maison, d'après un bon signé de lui, qu'il présente à l'Econome.

Chaque jour il inscrit, sur son registre recette-dépense, les drogues qu'il a employées, conformément aux ordonnances du médecin ou du chirurgien, en distinguant sa dépense par allaitement, accouchement et élèves sage-femmes.

Tous les trois mois, il adresse à l'Administration, au bureau du service de santé, un état de la recette et dépense des médicamens pendant le trimestre, distingué par restans au premier du trimestre, reçus et dépensé pendant le trimestre, et restant au dernier jour du trimestre, le tout divisé par allaitement, accouchement et élèves sage-femmes. Cet état est appuyé des cahiers de visite et des bons des médecin et chirurgien, et d'un état signé par l'Agent de surveillance, du nombre des journées des individus qui ont séjourné dans les infirmeries dans le cours du trimestre.

MORTALITÉ.

Les tables de mortalité des hopitaux ne peuvent présenter que des résultats relatifs, et point du tout absolus, si on les compare à celles de la mortalité qui a lieu dans les grandes villes.

Les personnes qui se sont occupées de ces dernières tables, ont reconnu que plus du quart du genre humain périssoit dans les deux premières années de la vie, le tiers avant d'avoir atteint 25 mois, et la moitié avant l'âge de huit ans un mois (1).

Mais peut-on faire entrer en comparaison cette mortalité avec celle qui a lieu dans un hopital, où les enfans qu'on y reçoit sont pour la plupart ou nés avant terme, ou le fruit d'une génération viciée, ou victimes en naissant de la misère de leurs mères, ou enfin apportés mourans ?

Les maladies qui assiégent ordinairement l'enfance, telles que le muguet, l'endurcissement du tissu cellulaire, les affections vénériennes, scorbutiques, etc., qui sont plus particulièrement connues, et qui exercent un plus grand ravage dans les maisons où ces enfans sont réunis, augmentent nécessairement la mortalité des enfans abandonnés reçus dans cet Hospice.

On parlera successivement de la mortalité des enfans abandonnés, des femmes qui accouchent dans cet Hospice, des enfans qui y naissent, de celle des nourrices sédentaires et de leurs enfans, et on indiquera pour chacune de ces classes, les causes qui peuvent y donner lieu.

Les résultats que l'on présente sont calculés sur les cinq années qui ont précédé celle-ci, et desquelles on a fait une année commune.

Les motifs qui ont déterminé à prendre cinq années pour calculer les chances de la mortalité, sont fondés sur l'expérience. En effet, ce mémoire ne renfermant pas un compte annuel, mais un historique, dont le but est de présenter des résultats généraux qui sont communément infaillibles, à quelques légères exceptions près, on feroit tirer sur cette

_____

(1) Voir la note insérée dans le Rapport fait au Conseil Général d'Administration des Hospices, par M. Camus, le 6 fructidor an 11, page 159.

mortalité des conséquences qui ne seroient pas exactes, si on l'indiquoit pour une seule année, dans laquelle il seroit possible qu'une épidémie, ou une saison plus ou moins favorable, eût influé plus ou moins sensiblement sur l'existence des individus.

ENFANS ABANDONNÉS.

On envisage la mortalité qui frappe ces enfans sous deux rapports : le premier comprend tous ceux qui sont reçus à l'Hospice ; le second ne porte que sur ceux qui sont envoyés en nourrice à la campagne.

MORTALITÉ INTÉRIEURE.

La mortalité qui a lieu dans l'Hospice a toujours été en raison inverse de l'arrivée des nourrices de campagne, tels essais que l'on ait faits du régime artificiel.

Relevé fait des années 11, 12, 13, trois mois 10 jours de l'an 14, 1806 et 1807, il résulte qu'il y a eu, avec les restans au premier vendémiaire an 11, 23460 enfans, et qu'il en est mort 4103, ce qui établit leur mortalité dans le rapport de 1 à 5.

Mais ces résultats ne seroient peut-être pas aussi satisfaisans, si, comme dans les années 3, 4, 5 et 6, les nourrices de campagne eussent cessé tout-à-coup de venir, et que les enfans eussent prolongé leur séjour à la Crèche, ou eussent été confiés aux nourrices sédentaires, dont le nombre de 250, dans ce temps, ne pouvoit encore suffire aux 3 ou 4000 enfans qu'on recevoit par année. La mortalité dont on parle ici est donc celle qui frappe les enfans dans les premiers jours de leur vie.

MORTALITÉ EXTÉRIEURE.

La mortalité extérieure est celle qui a lieu sur les enfans abandonnés placés à la campagne.

D'après le relevé, fait par distinction d'âge, des cinq années qui ont précédé 1808, l'on verra qu'elle frappe plus particulièrement sur les enfans du premier âge, c'est-à-dire sur ceux qui n'ont pas encore atteint leur première année ; que ce premier écueil de la vie passé, elle est moins sensible sur les enfans des âges suivans, jusqu'au cinquième, qu'elle n'est presque plus connue à l'Hospice ; c'est-à-dire que les enfans abandonnés, courent la chance de vie ordinaire à l'enfance.

Sur 23070 enfans, existans au premier vendémiaire an 11, et placés à la campagne pendant ces cinq années, il en est mort.   14500

SAVOIR : du premier âge   11541
du deuxième id.   2008
du troisième id.   635
du quatrième id.   316

TOTAL pareil.   14500

En établissant le calcul par distinction d'âge, c'est-à-dire en divisant successivement le nombre 23070 par celui des enfans du premier, second, troisième et quatrième âge décédés, l'on aura pour rapport de la mortalité des enfans :

Du premier âge. ———— 500 sur 1000 ou 36 sur 72
Du deuxième âge ———— 87 sur 1000 ou 6 sur 72.
Du troisième âge ———— 28 sur 1000 ou 2 sur 72,
Du quatrième âge ———— 13 sur 1000 ou 1 sur 72

TOTAL . . . . 628 sur 1000 ou 45 sur 72.

Ou pour expression plus simple, 5 sur 8, qui est le rapport du nombre total 14300 des décédés, divisé par 23070, nombre des enfans existans au premier vendémiaire an 11, et de ceux mis en nourrice pendant les cinq années.

FEMMES ENCEINTES ET EN COUCHE.

On ne reçoit les femmes enceintes, ainsi qu'on l'a vu, que lorsqu'elles sont grosses de huit mois révolus.

Les unes, en proie à la misère la plus profonde, attendent ce terme avec impatience pour être admises ; d'autres, pour qu'on s'aperçoive moins de leur absence, n'y viennent qu'au moment d'accoucher ou deux ou trois jours avant.

Plusieurs, par suite d'excès, ont le sang vicié ; d'autres, venant des départemens, ont fait à pied 30, 40, 50 lieues avant de se présenter à l'Hospice : la plupart se sont nourries (souvent en quantité insuffisante) d'alimens contraires à leur état, telles sont les principales causes qui concourent à ce que plusieurs de ces femmes apportent avec elles le germe de différentes maladies qui se développent pendant leurs couches, déterminent leur mort, ainsi que celle des enfans auxquels elles donnent le jour.

Il faut encore ajouter les variations de l'atmosphère, et les exhalaisons étrangères dont l'air est chargé, qui influent plus particulièrement sur les femmes qui accouchent dans les hopitaux, que sur celles qui accouchent chez elles.

Pendant les cinq années qui précèdent 1808, il y a eu, avec les restans, 9645 femmes ; il en est mort 414 ; le rapport est de 1 à 23.

Il est bon d'observer que dans ces cinq années, il y en a eu deux pendant lesquelles la fièvre puerpérale a été épidémique, et que dans tout autre temps où il ne règne que des fièvres bilicuses, putrides, miliaires, ou autres maladies, ce rapport n'est que de 1 à 32.

ENFANS NÉS A L'HOSPICE.

Pour les raisons détaillées plus haut, auxquelles il convient d'ajouter les vices de conformation, qui donnent quelquefois lieu à des accouchemens longs et laborieux de la part de la mère , ou d'autres causes qui tiennent à des circonstances antérieures à leur admission à l'Hospice , telles que chutes , etc., etc. , qui déterminent un accouchement prématuré , les femmes accouchent à cet Hospice d'enfans sans vie , ou dont l'instant de la mort se confond avec celui de la naissance , ou le suit de très-près.

Sur 8779 enfans provenus des accouchemens pendant les cinq années, 405 sont venus sans vie ; et sur 8387 eufans nés vivans, y compris les restans, 281 sont morts après leur naissance : les premiers présentent un rapport de ι à 21.

Et les autres de. . . . . 1 à 29.

NOURRICES SÉDENTAIRES.

Il n'en est point des nourrices sédentaires qu'on admet à l'Hospice , comme des enfans abandonnés et des femmes enceintes que l'on y reçoit : elles sont choisies bien portantes , saines , et assez fortes pour que la nourriture de deux enfans ne puisse altérer leur santé ; aussi leur mortalité ne présente que les chances ordinaires de la vie.

Sur 508 nourrices reçues , toujours y compris les restans , 2 seulement sont mortes : c'est 1 sur 254, dans le cours de cinq années.

ENFANS AUX NOURRICES.

Il n'en est pas de même des enfans qui appartiennent aux nourrices , quoique reconnus bien portans lorsqu'ils entrent (âgés de 2 ou 3 mois) à l'Hospice avec leurs mères : la santé , la force dans les premiers mois de la vie, n'est point une assurance pour l'avenir.

488 enfans ont été reçus , et 59 sont morts : le rapport est donc de 1 à 8.

COMPTABILITÉ EN DENIERS.

On a déjà vu , à l'article du service extérieur, la comptabilité des mois de nourrice et pensions , amenée jusqu'au point où la pièce comptable est en état d'être vérifiée à l'Administration , pour le montant en être payé à la caisse générale : il ne sera donc question ici que de la comptabilité en deniers, c'est-à-dire de l'emploi des fonds dont l'Agent de surveillance a le maniement.

La comptabilité en deniers est réduite aux élémens les plus simples , c'est-à-dire au paiement des objets dont l'urgence , ou le peu d'importance , ne peuvent permettre d'assujétir les parties prenantes aux formalités voulues pour les paiemens réguliers qui se font à la caisse générale des Hospices.

Chaque année , au premier janvier , il est ouvert un crédit à l'Agent de surveillance de l'Hospice. On le suppose ici d'une somme de 12,000 liv. ; il lui est expédié ordonnance de cette somme à la caisse générale ; il acquitte cette ordonnance, en reçoit le montant , et en demeure comptable pendant toute l'année.

21

Chaque mois il produit ses pièces comptables, à l'appui d'un état sommaire de ses dépenses ; et après le *visa* du membre de la Commission, ces pièces sont vérifiées à la comptabilité générale des Hospices, au contrôle et à la caisse : on lui expédie ordonnance de leur montant, de manière qu'en recevant la somme, il demeure toujours comptable de son crédit de 12,000 liv.

Dans les premiers jours du mois de janvier de l'année suivante, il rembourse à la caisse générale les 12,000 fr. montant du crédit qui lui a été ouvert ; il en reçoit quittance, ce qui forme, par cela même, son *quitus* de l'année précédente ; et il reçoit, pour l'année nouvelle, un nouveau fonds, ou pareil ou plus considérable, selon que les dépenses courantes de l'établissement paroissent l'exiger.

La comptabilité en deniers de l'Agent de surveillance de la Maternité se compose de toutes les menues dépenses, telles que le ramonage des cheminées, l'entretien des horloges, l'achat de quelques objets mobiliers, le rempaillage des chaises, les ports de lettres, les légumes frais, fruits ou poisson, etc. Chaque mois encore, il rend compte de la dépense des frais de départ et premiers mois de nourrice des enfans qui partent pour la campagne, du salaire des nourrices sédentaires, des frais de l'atelier de travail, etc.

MENUES DÉPENSES.

Les pièces comptables consistent en une quittance de la partie prenante, sur laquelle se trouve en même temps le billet d'ordre qui autorise la dépense : la facture du marchand, et le récépissé de l'Econome.

DÉPENSE DU DÉPART DES ENFANS.

On a vu à l'article des nourrices de campagne, comment étoient réglés les droits des nourrices et des meneurs pour les voyages ; ci-contre est le modèle du tableau qui rend compte de cette dépense chaque mois. A la suite on trouvera aussi le modèle des états qui indiquent la dépense pour le salaire des nourrices sédentaires et pour l'atelier de travail.

SECTION D'ALLAITEMENT.

Meneurs et leur distance de Paris.	TARIF.		NOMBRE de nourrices.		ENFANS.		TOTAUX	PAYEMENT pour les nourrices.			PAYEMENT pour le compte des meneurs.				TOTAUX des Payem. aux meneurs	Observations.
	Du prix de voyage.	De la Prime.	Qui ont été présenté dans le mois.	Qui ont donné lieu à l'indemn de vivres	A lait confiés aux Nourric	Sevrés, confiés aux meneurs.		Voyage.	Prime.	Premier mois d'avance.	Pour les Enfans confiés aux nourric.	pour les Enfans Sevrés qui leur sont confiés	Po url es nourric. qui donn lieu à l'indemn de vivres		

DÉPENSE DU SALAIRE DES NOURRICES SÉDENTAIRES.
Tableau qui rend compte de cette dépense chaque mois,

NOMS des NOURRICES.	JOURS		GRATIFICATION.	TOTAL de la dépense du mois.
	Simple à 35 cent. c'est-à dire salaire des nourr. qui n'allaitent qu'un enfant.	Doubles à 70 cent c'est-à dire salaire des nourric qui allaitent deux enfans de l'hospice.		

DÉPENSE DE L'OUVROIR OU ATELIER DE TRAVAIL.
Cette dépense a pour base le tarif compris à l'article *Ouvroir.*
Tableau qui rend compte de cette dépense par mois.

DESTINATION.	Nature des objets confectionnés.	Quantité d'objets confectionnés.	PRIX d'après le Tarif.	TOTAL de la Dépense.

Voilà ce qui constitue la comptabilité en deniers de l'Agent de surveillance.

MEMOIRE SUR L'HOSPICE

PRIX DE JOURNÉE

Résultant de la dépense générale de chacune des Sections de l'Hospice pendant une année.

OBSERVATIONS GÉNÉRALES SUR LE MODE DE COMPOSITION DU PRIX DE JOURNÉE.

Le prix de journée résultant de la dépense totale d'un établissement pendant une année, est, en général, l'objet qui fixe l'attention de l'homme éclairé, déjà initié dans la connaissance du service des Hôpitaux. Il semble que ce prix de journée, plus ou moins cher, soit le point auquel il s'attache pour juger la bonne ou mauvaise administration d'une maison.

L'Hospice de la Maternité qui, dans toutes les parties de la marche administrative de son service, fait exception à tous les autres Etablissemens, est aussi, sous le rapport du prix de journée, susceptible d'exciter une attention plus particulière.

Chacune des deux sections de l'Hospice va donc, sous ce rapport, être traitée séparément.

SECTION DES ENFANS ABANDONNÉS.

Les enfans abandonnés sont entretenus, 1°. dans l'intérieur de l'Etablissement où ils ne séjournent que passagèrement; 2°. à la campagne, où ils sont envoyés pour être allaités.

S'il pouvoit être (chose impossible) imaginé des moyens pour que, tous les jours, le mouvement des enfans à la campagne fut connu, il faudroit qu'il figurât dans les rôles journaliers de l'Hospice.

Les accessoires attachés au service des enfans abandonnés, sont les nourrices sédentaires et leurs enfans, les meneurs et nourrices de campagne qui viennent chercher les enfans, et qui sont nourris pendant leur séjour; et enfin des bureaux, des inspecteurs, des magasins; un atelier de confection de layettes, des gens de service; le tout organisé suivant le besoin qu'exige la réception et l'administration, tant dans l'Hospice qu'à la campagne, de 10,000 enfans environ par an.

La dépense générale d'une année doit donc évidemment frapper sur la totalité des journées que donne la population générale pendant une année.

Cependant les prix de journée pour cette section ont été diversement établis suivant la manière de voir des personnes qui, à des époques différentes, se sont occupées de cet objet.

Les unes isolant de leur opération la dépense du service des enfans à la campagne, et ne s'attachant qu'aux journées de ceux qui ont résidé à l'Hopice dans le cours d'une année, ont réparti sur cette masse de journées toute la dépense intérieure : il en est résulté un prix nécessairement considérable, et d'une opération fausse en elle-même, on en a tiré des inductions plus fausses encore.

En effet, comment est-il possible d'appliquer avec justice à des enfans qui ne font qu'un séjour très-momentané dans l'Hospice, dont le grand nombre individuel ne donne cependant pas lieu à un grand nombre de journées, comment est-il possible de faire frapper sur eux seuls la dépense, même intérieure, d'une maison dont le service, ainsi qu'on vient de le dire, est monté, en plus grande partie, pour l'entretien annuel de dix mille enfans environ, qui existent ou sont placés à la campagne ?

D'autres, guidés par des idées plus justes, ont établi séparément les prix de journée des nourrices sédentaires, de leurs enfans et des gens de campagne; et si, à la vérité, ces diverses classes ne sont à la charge de cette section de l'Hospice, qu'à cause des enfans abandonnés, elles n'en sont pas moins composées d'adultes qui dépensent dans une proportion plus forte que l'enfant ; et dans ce mode de compte, l'enfant au moins commence à figurer pour un prix de journée plus vraisemblable.

Dans le compte imprimé des Hospices et Hopitaux de Paris pour l'an 13, on voit que la dépense totale des enfans abandonnés pour cet exercice, s'est élevée à 872,508 fr 80 cent ; et dans le tableau n°. 21, figurent, 1ª. la population, la mortalité, et la durée du séjour des enfans admis en l'an 13; 2°. la population extérieure de l'Etablissement pendant cette même année.

Ce compte n'admet pour le prix de journée des enfans abandonnés, aucune des hypothèses dans lesquelles ont raisonné ceux qui ont précédemment fait des calculs à cet égard ; il se borne à établir la dépense générale et la population intérieure et extérieure

La conséquence la plus probable qu'on puisse tirer de cette manière d'opérer, c'est la difficulté d'établir l'état des journées des enfans à la campagne. Le mouvement parmi ces enfans, répartis dans un rayon de 70 lieues de la capitale, ne peut pas se constater par les mêmes moyens que celui des enfans qui résident à l'Hospice. Le sort de ceux-ci est connu chaque matin ; celui des premiers ne l'est que tous les trois mois, lorsque les meneurs viennent en liquidation, et le dépouillement du nombre des journées présente alors une opération considérable.

Cependant, tel est le véritable but auquel il faut atteindre pour que la dépense totale de la section des enfans abandonnés soit répartie avec justice et égalité. Cette maison ne peut pas être exceptée du mode adopté pour tous les hospices et hopitaux. Si l'un d'eux, par exemple, renferme 3000 pauvres, qu'ils y existent les 365 jours de l'année, la dépense de cette maison se répartira sur 1095000 journées.

En vain objecteroit-on que la dépense de l'enfant qui part à la campagne, et qui y est entretenu, n'est pas de la même nature que celle de l'enfant qui réside à l'Hospice : la dépense du premier est plus considérable que celle de l'enfant résidant.

Un enfant qui part coûte à l'Etablissement, SAVOIR :

La layette 23
Le premier mois de nourrice 7
Le voyage de la nourrice. 6
Celui du meneur. 6
_____
42

S'il décède après cinq jours, il faut ajouter aux 42
francs les frais d'inhumation . . . . 1 f. 50

TOTAL . . . . 43 f 50
Déduisant la valeur de la layette, que le meneur
est tenu de rapporter 20
_____

Restera de dépense . . . . . . - . 23 f. 50

Que l'enfant aura coûté pendant cinq jours, c'est-à-dire, 4 fr. 70 cent. par jour.

Si cette dépense est répartie sur ceux qui auront vécu plus long-tems, ou qui vivent encore, la dépense sera bien moins considérable.

Pour établir le prix de journée d'après la dépense connue de l'an 13, l'on a dressé les deux tableaux suivans; le premier, contenant le dépouillement des journées pour l'intérieur pendant l'an 13; le second, celui des journées pour l'extérieur.

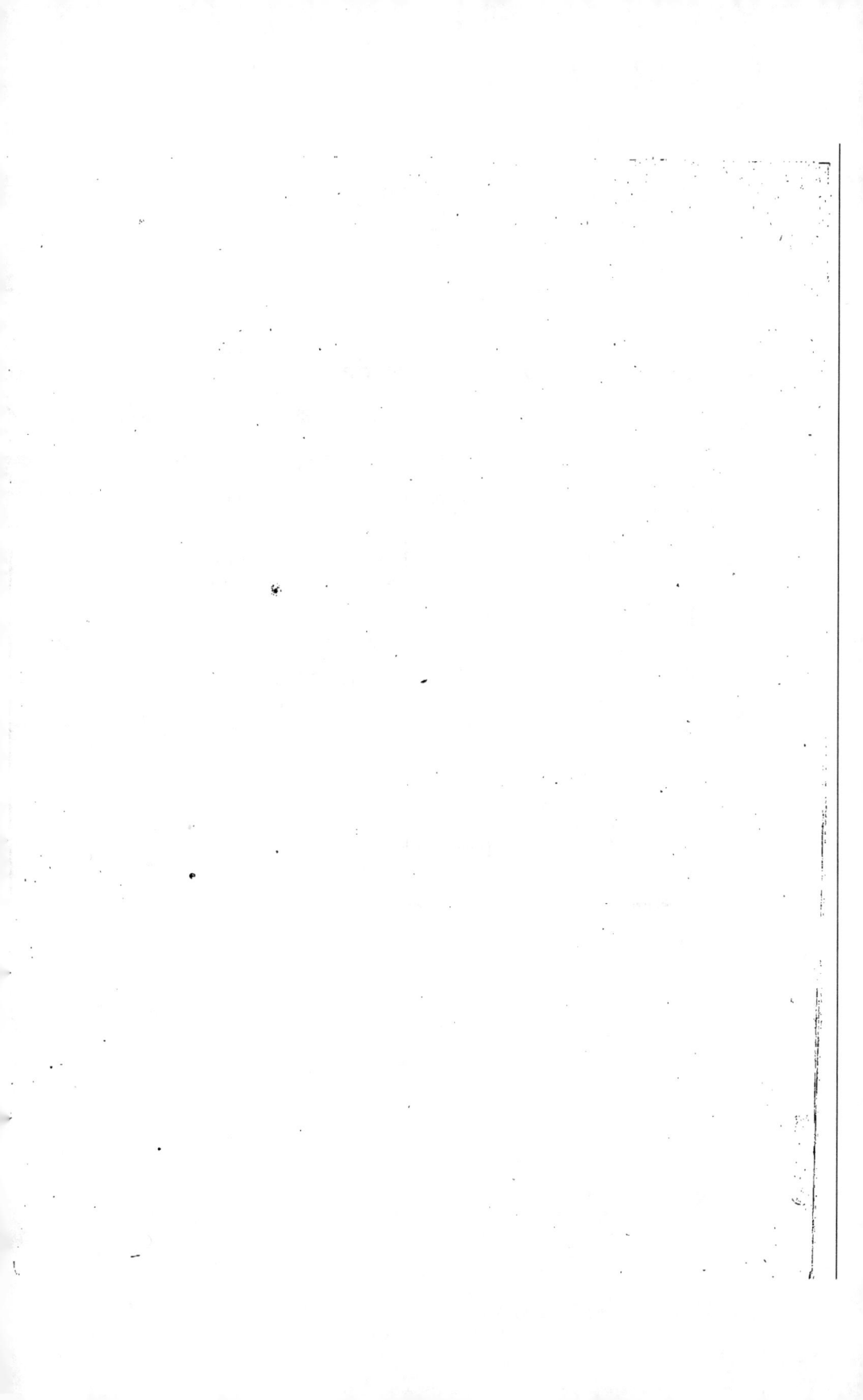

Etat du Mouvement et des journées des enfans aban[donnés] à l'Hospice de la Maternité (

Désignation de classes d'individus.	Existans an 1er. vendémiaire an 13.		Reçus pendant l'an 13.		Total des restans au 1er. vendémiaire an 13 et des reçus pendant l'année.		Nombre de journées des restans au 1er. vendémiaire an 13 et des reçus pendant l'année.		En nourrice.	
	Garçon	Filles.	Garçons	Filles.	Garçons.	Filles.	Garçons.	Filles.	Garç.	Filles.
Enfans { Abandonnés........	83	67	2154	2036	2237	2103	16482	13683	1550	1577
Aux nourr. sédentai.	12	7	53	41	65	48	6789	4790	»	»
	95	74	2207	2077	2302	2151	23271	18473	1550	1577
	169		4284		4453		41744		3127	
Nourrices... { Sédentaires	24		97		121		13706		»	
De campagne.	26		2923		2949		6727		»	
Meneurs et Sous-Meneurs........	2		190		192		484		»	
	221		7494		7715		62661		3127	

és , et autres classes d'individus , nourris et entretenus
n d'Allaitement), pendant l'an 13.

								TOTAL des Sortis et des Morts.		TOTAL des journées Enfans abandonnés décédés.		Existans au 1er. vendémiaire An 14.	
SORTIS PAR													
Aux vénériens		Remise aux parens.		Voie ordinaire.		Décès à l'hospice.							
Garç.	Filles.	Garç.	Filles.	Garç.	Filles.	Garçons.	Filles.	Garçons	Filles.	Garçons.	Filles.	Garçons.	Filles.
25	9	26	8	»	»	473	346	2130	1990	4400	3265	107	113
»	»	»	»	35	30	10	4	45	34	»	»	20	14
25	9	26	8	35	30	483	350	2175	2024	4400	3265	127	127
34		34		65		833		4199		7665		254	
»		»		83		»		83		»		38	
»		»		2927		»		2927		»		22	
»		»		191		»		191		»		1	
34		34		3266		833		7400		7665		315	

Noms des Meneurs.	Résidences et Départemens des Meneurs.	Distance de Paris.	Enfans existans au 1er. vendém. an 13.		Total	Enfans placés pendant l'an 13		Total	Total général	Nomb. des journ. pend. l'an 13 d. enfans existan. au 1er. vend. an	
		myr.	Garç.	Filles.		Garç.	Filles.			Garçons.	Fill.
Aubry.........	Beaucamp-le-vieux Somme	15	159	169	328	68	94	162	490	51089	52
Berthier......	Saulieu......... Côte d'Or....	35	109	115	224	24	22	46	270	32181	348
Carpentier....	Vernon......... Eure........	10	47	45	92	29	44	73	165	15572	15
Chauvin......	Mont-St-Sulpice.. Yonne.......	20	36	31	67	9	9	18	85	9633	9
Cornu........	Pont-sur-Yonne.. Id.........	14	116	89	205	43	40	83	288	34635	25
Devismes.....	Frenneville....... Somme.....	14	65	64	129	7	16	23	152	21114	21
Del'Hommé...	Wassigny....... Aisne......	19	47	60	107	126	145	271	378	10186	13
Dejouy.......	Ricquebourg ..... Oise........	11	18	25	43	30	36	66	109	4686	8
Fauqueux.....	Beaulieu........ Oise........	12	180	204	384	120	136	256	640	55532	67
Grenier.......	Vendueil........ Aisne	16	43	55	98	128	116	244	342	12328	13
Gouard.......	Avallon .... Yonne	28	24	24	48	8	10	18	66	6207	6
Locquet	Nuncq .... Pas-de-Calais	19	100	120	220	32	30	62	282	31640	38
Lallemant.....	Mantes.......... Seine et Oise.	7	81	81	162	141	106	247	409	28581	25
Lally.........	Cresancy........ Aisne......	11	102	109	211	23	32	55	266	31390	33
Lebrasseur	Evreux......... Eure........	13	56	56	112	36	35	71	183	19085	14
Lefevre. Picard	Puisieux... .. ... Oise........	9	28	39	67	30	20	50	117	9003	12
Lefevre. Norm.	Hamel .... Eure........	17	38	42	80	7	10	17	97	13065	14
Ledoux.......	Beaudeduit...... Oise........	11	37	22	59	42	40	82	141	7924	6
Lambert......	Sormery......... Yonne.......	14	»	»	»	4	7	11	11	»	»
Marel........	Bienviller aux-bois. Pas-de-Calais	18	73	136	209	49	46	95	304	25821	4
Pinte.........	Bray......... ... Somme.....	18	99	150	249	124	146	270	519	28441	43
Raulin	Chiry.......... Oise........	11	17	22	59	31	35	66	105	4179	4
Sagnier.......	Bouvencourt...... Somme.....	16	228	290	518	224	209	433	951	67526	88
Saussier. Louis	Lailly........... Yonne......	17	98	100	198	23	19	42	240	51375	50
Saussier Nicola	Molinon .... Yonne......	17	89	95	184	19	22	41	225	28826	27
Turquin......	Lechelle .... Aisne......	19	53	40	93	64	67	131	224	14437	13
Taconnet.....	Laberelle........ Oise........	12	71	104	175	41	25	66	241	25137	31
Vallée........	Passy .... Eure........	11	178	174	352	66	58	124	476	54651	54
Nourrices div.	Dans la banlieue. Seine........	1 à 2	5	6	11	2	2	4	15	1825	2
			2197	2467	4664	1550	1577	3127	7791	675867	742
				4664			3127			1411642	

3, des Enfans abandonnés placés à la Campagne.

r. de journées enfans placés iant l'an 13. ons.	Filles.	TOTAL général des journées.	Enfans sortis et morts. Hors pension. Garç	Filles.	Rendus. Garç	Filles.	Décédés. Garç	Filles.	TOTAL des Sortis et Morts.	TOTAL des journées des Enfans décédés.	Enf. existans au 1er. vend. an 14 De ceux restan au 1er. vend. an 13 Garç.	Filles.	De ceux placés pendant l'an 13. Garç.	Filles.	TOTAL des Enfans existans.
24	11634	120685	5	1	1	2	57	77	141	14062	132	132	34	51	349
05	2861	72522	8	15	1	2	44	11	81	9110	80	75	16	18	189
30	4142	56195	2	1	1	»	21	40	65	3185	42	57	10	11	100
18	1937	23357	6	5	»	1	9	10	51	2020	23	17	6	8	54
09	4769	68781	1	1	»	1	51	52	106	11701	83	57	24	18	182
57	1584	45552	2	1	1	1	6	12	23	1697	59	58	4	8	129
70	16868	55405	»	»	1	1	76	73	151	12967	31	35	65	96	227
58	5853	24247	»	»	»	»	13	15	28	2926	13	22	22	24	81
3	17142	152535	13	18	1	1	79	86	198	12484	143	157	65	77	442
02	10967	46526	2	»	1	1	76	79	159	8807	24	25	67	67	183
59	1707	15872	»	2	»	»	16	4	22	2917	14	22	1	7	44
6	5327	81864	9	9	2	2	29	29	80	8087	65	85	27	25	202
2	8406	71710	»	1	1	1	109	85	197	9913	60	58	52	42	212
5	5562	73301	»	»	1	1	35	37	74	7834	74	82	15	21	192
0	4579	42352	7	11	2	2	17	28	67	1874	46	33	20	17	116
8	3091	28013	»	2	2	1	19	15	39	2593	25	29	12	12	78
4	1505	29592	5	4	»	»	7	8	22	1337	31	33	4	7	75
5	4705	23679	»	»	»	»	35	22	57	3746	16	17	28	23	84
5	985	1118	»	»	»	»	1	3	4	326	»	»	3	4	7
3	5897	75587	7	10	1	2	38	41	99	5491	56	106	20	23	205
4	17296	102532	3	2	»	1	95	105	206	19158	66	101	59	87	313
	4428	17075	1	»	»	»	18	20	39	2798	10	18	19	19	66
	23849	202600	3	4	1	2	162	163	535	26766	154	216	152	114	616
	2289	66705	6	9	1	»	29	20	65	3528	76	78	9	12	175
	2066	61327	6	6	»	1	15	26	54	5137	73	67	14	17	171
	6359	40181	1	1	2	1	45	29	79	345	30	34	39	42	145
	4115	66558	4	10	1	1	24	22	62	2874	55	77	28	19	179
	4813	116007	5	16	3	4	82	69	179	8091	141	128	13	15	297
	409	4769	2	»	»	»	»	»	2	135	3	6	2	2	13
184945	1766647		94	129	24	29	1208	1181	2665	191709	1625	1805	810	886	5126
0005			223		53		2389				3430		1696		
					2665							5126			

(Suit la Récapitulation des deux Tableaux)   22 *

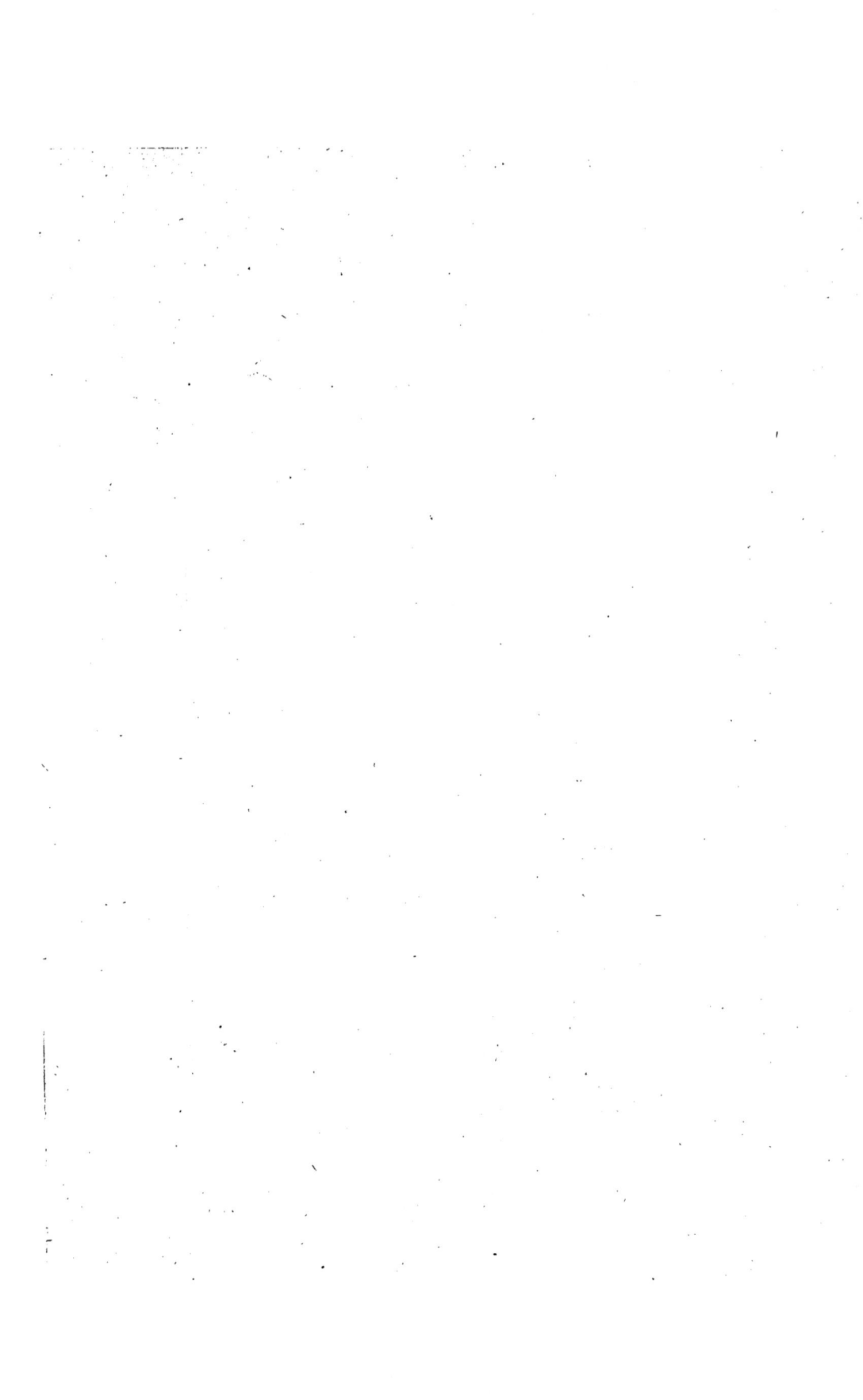

Récapitulation des journées des deux états précédens.

Journées des Enfans abandonnés.	Intérieur.	Garçons. 16482	} 30165				
		Filles. . 13683					
	Extérieur.	Garçons. 838927	} 1766647		1796812		
		Filles. . 927720					

—————Nourrices sédentaires. 13706

————— De leurs Enfans. . . . . { Garçons. 6789 } 11579
{ Filles. . . 4-90 }

————— Nourrices de campagne. . . . . 6727 } 7211
————— Meneurs et Sous-Meneurs. . . . . 484 }

32496

TOTAL des journées que présentent les deux tableaux. 1829308

La dépense totale de la Section des Enfans abandonnés, suivant le compte que l Administration a fait imprimer, a été pour l'exercice an 13, de . . . . . 872,508 fr. 80 c.

Pour établir le prix réel de journée, il convient de déduire sur cette somme les deux ci-après, qui ne peuvent faire partie de la dépense propre aux enfans abandonnés.

1°. Celle de 42,778 fr. 06 c. pour la conservation et régie des maisons urbaines et biens ruraux appartenans aux enfans abandonnés, qui ne peut être considérée comme une dépense, mais bien comme une diminution des revenus, ci. . . . . 42,778 fr. 06 c. }

2°. Celle de 60,000 fr. pour laquelle la Section d'Allaitement a été comprise pour travaux extraordinaires de bâtimens, ci. . . . . 60.000 fr. 00 c. }

102,778 fr. 06 c.

TOTAL de la dépense propre aux Enfans abandonnés . . . . 769,730 fr. 74 c.

C'est sur cette base que doit poser le prix de journée, si l'on veut obtenir des résultats vrais pour tous les tems.

L'on présentera cependant à côté, mais seulement comme renseignemens, l'augmentation que les sommes que l'on vient de déduire produiroient sur le prix de journée, en supposant un instant qu'elles pussent faire partie de la dépense des enfans abandonnés.

23

PRIX DE JOURNÉE DES ENFANS ABANDONNÉS.

Nombre des journées.		Prix de la journée calculée sur 769,730 fr· 74 c	Accroissement pour les sommes déduites.		Prix de la journée avec l'augmentation des 102778 fr. o6.
Des enfans qui ont vécu pendant l'an 13.	Des enfans décédés pendant l'an 13.		pour 42778 f. o6.	Pour 6oooo fr.	
1597438	199.374	o fr. 428 mill	o f. o23 mill.	o f. o33 mill.	o fr. 484 mill.
1796812				o fr. o56 mill.	

Déduisant du nombre total des journées celui des enfans décédés, pour ne plus faire frapper la dépense que sur ceux qui existoient au premier Vendémiaire an 14, l'on aura pour prix de journée de ces derniers o fr. 481 millim.

L'on va présenter ici le prix de journée des nourrices sédentaires, de leurs enfans, des nourrices de campagne, accessoires indispensables d'enfans nouveau nés, et la dépense qu'ils ont occasionnée dans l'Hospice, pour faire connoître suivant quelle proportion ils influent dans celle de l'an 13.

PRIX DE JOURNÉE DES NOURRICES SÉDENTAIRES ET DE LEURS ENFANS.

M. Camus, dans le compte des six derniers mois an 10, et six premiers mois an 11, qu'il a rendu au Conseil général d'Administration des Hospices, évalue le prix de la journée de la nourrice sédentaire à . . . . 1 fr. 161 mill.

Celui de son enfant n'y étant point établi, on l'évalue suivant le prix de la journée de l'Enfant abandonné à. . . . . o fr. 428 mill.

PRIX DE JOURNÉE DES MENEURS ET DES NOURRICES DE CAMPAGNE.

Le compte de M. Camus n'ayant point évalué le prix de journée des meneurs et des nourrices de campagne, on va l'établir ici semblable à celui consenti par l'Administration, dans les années 8, 9 et 10, pour leur nourriture et entretien, c'est-à-dire, à . . 1 fr. o5 c.

DÉPENSE

Occasionnée par les Nourrices sédentaires, leurs enfans, et les gens de campagne, pendant leur séjour à l'Hospice.

		fr. m.	fr. m.
13,706 Journées de nourrices sédentaires, à		1 161	15,912 666
11,579 Journées de leurs enfans, à		0 428	4,955 812

$$7,211 \begin{cases} 6,727 \text{ Journées de nourrices de campagne, à} \\ 484 \text{ Journées de meneurs, sous-meneurs, à} \end{cases} 1 \ 05 \begin{cases} 7,063 \ 35 \\ 508 \ 20 \end{cases} 7,571 \ 550$$

32694 journées 28,440 028

SECTION DE L'ACCOUCHEMENT.

Si le prix de journée tel qu'il doit être établi pour la Section d'Allaitement, a exigé le développement qu'on a vu dans l'article précédent, celui de l'accouchement ne présente pas moins d'observations importantes à faire.

La Section des enfans abandonnés formant un établissement national, et celle de l'accouchement un établissement départemental, il a été indispensable de distinguer les dépenses de ces deux parties, puisque les fonds leur arrivent par des sources différentes; cependant que de difficultés n'a-t-on pas eu à rencontrer pour parvenir à une distinction précise, et leur analyse démontrera encore combien l'Hospice de la Maternité diffère des autres établissemens, et combien son administration particulière exige de méditation et de soin.

La Section d'Allaitement, qui est un établissement national, renferme les femmes enceintes, lesquelles sont une charge de la Section d'Accouchement, qui est un établissement départemental. Dans la Section d'Accouchement, il existe une école d'élèves sage-femmes, qui est un établissement national; l'une et l'autre des deux sections renferment donc, sous le rapport seulement de la dépense qui leur est uniquement propre, des élémens étrangers.

Pour parvenir à la distinction des dépenses, il falloit imaginer des moyens, 1°. pour que celle des femmes enceintes nourries dans la Section d'Allaitement fut assez connue pour que la Section d'Accouchement pût rembourser à la première les frais occasionnés par les administrés qui la concernent; 2°. pour que la dépense de l'école d'accouchement fut également assez distincte pour que le compte de cette école, dont tous les frais doivent être supportés par les pensions des élèves, ne fût en aucune façon à la charge de la maison des femmes en couche, qui est un établissement départemental.

La comptabilité des Hospices, qui chaque jour se perfectionne tant par la simplicité que par la régularité de ses opérations, a imaginé, de concert avec les Agens comptables de l'Hospice, des moyens pour arriver à ces résultats tant désirés; un Arrêté du Conseil a déterminé la marche à suivre pour la distinction des dépenses.

L'exécution de ces dispositions sera le complément de toutes les mesures administratives, qui depuis la création du Conseil ont successivement apporté l'ordre et la clarté dans le service de la Maternité.

Le prix de journée de la maison d'accouchement pendant l'an 12, s'élève, ainsi qu'il est dit dans le tableau N°. 22 du compte de cet exercice, qui est imprimé, à 2 francs 31 centimes.

Celui de l'an 13, porté dans un tableau sous le même numéro du compte de cet exercice, qui est également imprimé, à 2 francs 78 centimes.

La dépense générale de la maison pour cette même année, s'élève à 219,116 fr. 22 c. La population présente 78,789 journées. La dépense de l'école n'y est pas distinguée, parce que les moyens pour y parvenir n'étoient pas encore imaginés; il a été seulement mis en note que les élèves entrent dans la population pour 29,359 journées.

Cependant il a été fait dans cet exercice des dépenses extraordinaires, l'article *Habillement et Coucher*, par exemple, s'élève à la somme de 61,482 fr. 29 c., et la majeure partie de cette dépense extraordinaire est de nature à s'appliquer à l'école d'accouchement, qui étoit alors encore naissante, et dont le mobilier étoit encore très-incomplet.

Le prix de journée de 2 fr. 78 c. ne doit donc pas être considéré comme celui qui pourra résulter un jour des comptes de chaque partie distincte de service, quand chacune d'elles sera d'ailleurs dans son état ordinaire et annuel de dépense.

Il auroit sans doute été intéressant dans le mémoire qu'on publie aujourd'hui, de présenter dès à présent pour l'an 1807, la dépense et les prix de journée pendant cet exercice, suivant le nouveau mode indiqué par l'Administration; mais ce mémoire étant l'ouvrage de personnes attachées à la manutention intérieure de l'Hospice, ils ont dû s'interdire tout exposé d'opérations dont les résultats appartiennent à l'Administration centrale, et s'en tenir à des bases connues telles pour la dépense que celle indiquée dans le compte imprimé de l'an 13.

POLICE GÉNÉRALE DE L'ÉTABLISSEMENT,

Et Police particulière aux personnes de service.

Tous les réglemens de police intérieure sont affichés dans les salles, dortoirs et autres endroits où l'exécution en est ordonnée.

Les bureaux et les différens emplois sont indiqués par des inscriptions placées au-dessus des portes qui y donnent entrée.

Il n'est établi aucune boutique dans l'intérieur de l'Hospice ; aucun marchand ne peut y être introduit.

Chaque jour les escaliers, cours, corridors sont balayés et nétoyés.

Dans les dortoirs, ou dans les salles, il ne peut être introduit aucun fourneau portatif, aucune chaufferette, ou autre vase propre à contenir du charbon ou de la braise allumée.

Il est passé un marché avec un ramoneur chargé de ramoner les cheminées autant de fois que le besoin le requiert dans le mois. Le fumiste est chargé de l'entretien des poëles.

Il y a dans chacune des deux Sections de l'Hospice un nombre suffisant de sceaux à incendie, placés à la portée de tout le monde pour s'en servir dans le cas du feu.

Nulle personne de l'Hospice ne peut découcher, ni, sous quelque prétexte que ce soit, recevoir de l'argent des indigens.

Toute personne qui a son logement dans l'Hospice, doit être rentrée, savoir : les employés et surveillantes avant l'heure où les portes doivent être fermées ; et les filles de service et berceuses, à huit heures en été, et à 6 heures en hiver.

POLICE RELATIVE AUX PERSONNES DE SERVICE.

Toutes les personnes de service doivent entière obéissance à l'Agent, à l'Économe et aux surveillantes des emplois, suivant leurs fonctions respectives.

Berceuses et Filles de service.

Elles peuvent sortir tous les vingt jours, mais jamais sans le consentement de leurs surveillantes, dont elles reçoivent un laissez-passer qu'elles remettent aux portiers.

Lorsque quelqu'affaire de famille les appelle au dehors, la permission de sortir ne leur est accordée que par l'Agent.

Elles ne peuvent admettre personne de l'extérieur dans leur chambre ou autres endroits. Si quelqu'un vient les visiter, elles se rendent au parloir dont il a été fait mention aux chapitres des nourrices sédentaires et des femmes enceintes.

Elles mangent toutes en réfectoire ; mais elles se disposent de manière qu'il en reste toujours un certain nombre pour garder les enfans ou les administrés qui sont dans les emplois.

Hommes de peine.

Ils peuvent sortir librement, pourvu que le service ne souffre point de leur absence.

Portier de l'Allaitement.

Les portes doivent être fermées à dix heures en hiver et à onze en été : néanmoins le portier se lève pour les ouvrir lorsqu'on apporte quelqu'enfant la nuit.

Portier de l'Accouchement.

Il n'y a point d'heure fixe pour ouvrir ou fermer les portes ; tour-à-tour le portier et sa femme veillent une partie de la nuit, afin que les femmes qui viennent de la Section d'Allaitement ou du dehors, ressentant les douleurs de l'enfantement, n'éprouvent aucun retard dans le soulagement dont elles ont besoin.

Tous les matins, les portiers remettent à l'Agent les laissez-passer des personnes qui ont découché, et au bureau du mouvement, ceux des personnes sorties définitivement la veille.

Les peines varient suivant la nature du délit ; elles consistent en réprimandes, en privation de sortie, en suspension ou retenue de gages, et enfin en expulsion de l'Hospice Ces deux dernières peines ne peuvent être prononcées que par l'Agent.

BÂTIMENS.

SECTION DE L'ALLAITEMENT, CI-DEVANT COUVENT DE PORT-ROYAL.

Cette maison, qui n'a pas été consacrée dans le principe à l'établissement d'un hospice, se trouve composée d'une foule de bâtimens incohérens, construits à diverses époques, avec plus ou moins d'économie, et qui par conséquent présentent plus ou moins de solidité ; abandonnée pendant quelques années de la révolution, devenue ensuite une prison fameuse dans les tems de proscription, on avoit toujours négligé de l'entretenir et d'y faire les réparations convenables.

L'entrée principale, rue de la Bourbe, loin de présenter aux yeux l'aspect d'un grand établissement, est même incommode pour l'entrée des voitures ; de grands murs sur lesquels sont ouverts par place quelques jours de souffrance, et qui règnent sur toute la longueur de la rue, ne préviennent pas, dès l'abord, en faveur de cet Hospice.

Quelques maisons de la rue St.-Jacques, bizarrement enclavées sur l'alignement de l'Hospice, présentent, sous le rapport de la vue, des servitudes incommodes.

Lorsque l'Hospice de la Maternité prit possession de cette maison, on se livra à des dépenses assez importantes, mais qui toutes n'avoient pour objet que des dispositions intérieures pour placer les divers emplois de l'Hospice. L'extérieur des bâtimens, les cours, les corridors, les promenoirs, tout présentoit encore le tableau le plus hideux : l'air, premier besoin d'un Hospice, n'y circuloit pas même librement.

En l'an 13, on s'occupa d'une réparation générale, le récrépissement des murs et leur badigeonnage, le renouvellement de presque toutes les croisées ; des distributions mieux entendues, l'agrandissement de diverses localités, le dérasement de plusieurs murs, le dégagement des cours, des plantations d'arbres, ont enfin donné à cette maison un aspect plus sain et plus riant. A peine a-t-on franchi le seuil de la porte d'entrée, que tout-à-coup une vaste cour, décorée par l'architecture simple mais noble du portail de la chapelle, frappe agréablement la vue, et cette propreté extérieure dispose favorablement ceux même qui ne viennent que pour observer la marche du service.

Les eaux d'Arcueil alimentent cette maison; la concession dont on jouit est suffisante pour le service; mais le terrein de l'établissement étant un peu au-dessous du niveau du réservoir du château d'eau près l'observatoire, ces eaux n'arrivent par-tout qu'à une très-foible hauteur au-dessus du sol, de manière qu'on ne peut les distribuer par-tout où elles seroient nécessaires, à moins de fortes dépenses.

Un projet de réservoir existe; une fois établi, on pourroit à peu de frais, non-seulement conduire les eaux dans les divers emplois, mais réaliser en même-tems l'établissement d'une buanderie, qui n'existe pas encore dans cette maison.

MAISON D'ACCOUCHEMENT, ANCIEN COUVENT DE L'INSTITUTION DE L'ORATOIRE.

Les bâtimens de cette maison, beaucoup moins considérables que ceux de Port-Royal, présentent plus de régularité et même de solidité; mais il reste bien des choses à désirer pour que cette partie de l'Hospice soit portée au degré de perfection dont elle est susceptible.

Les localités actuelles sont infiniment trop resserrées pour le service auquel cette maison est destinée. Les lits des femmes en couche ne sont pas assez isolés; et lorsqu'il est nécessaire d'évacuer un local pour l'approprier, il y a impossibilité, puisqu'il ne reste pas une seule pièce de réserve.

Des travaux de bâtimens importans ont été commencés dans l'ancienne église de cette maison; mais depuis plus de deux ans ils sont restés en suspens, en attendant de nouveaux fonds pour les terminer.

Le prompt achèvement de ce bâtiment seroit d'un grand avantage pour l'Hospice, s'il étoit réservé exclusivement aux femmes en couche, elles pourroient être alors, ainsi que le désirent ardemment les officiers de santé en chef, classées et espacées plus convenablement.

Un seul regard du Souverain, à la voix duquel Paris prend de toutes parts comme par enchantement, une face nouvelle, suffiroit sans doute pour porter cette maison à son dernier degré de perfection.

L'instant n'est peut-être pas éloigné où ce vœu sera réalisé; dans quelques années, lorsque l'étranger parcourra cet établissement, qu'on lui fera remarquer les améliorations qui auront été faites, la lecture de cet écrit lui retracera l'époque à laquelle on sollicitoit pour la Maison d'Accouchement ce développement utile; et il verra que dans le même tems où le Prince qui gouverne, faisoit du Louvre le plus beau et le plus utile palais de l'univers, son génie et sa bienfaisance planoient aussi sur l'asile du pauvre.

PENSIONNAT DES ÉLÈVES SAGE-FEMMES.

L'institution de l'Oratoire possédoit autrefois une maison contiguë à la sienne, qu'on appeloit l'hôtel *Lautreck.* Pendant la révolution cet hôtel a été vendu, et lorsque l'Hospice a pris possession de la maison principale, il ne lui a pas été possible de réclamer la jouissance de la maison voisine qui, à cette époque, auroit déjà été très-utile à son service.

Cependant l'école d'accouchement a été fondée; chaque année le nombre des élèves est devenu plus considérable, et si cette école se perfectionnoit aussi tous les ans, sous le rapport de l'instruction et de la tenue, les localités ne répondoient pas à beaucoup près à la dignité de l'institution, ni par leur étendue, ni par leur distribution. Les élèves éparses çà et là dans les diverses parties de la maison, étoient pour parvenir à leurs dortoirs, obligées de traverser les cours, ou les corridors des salles de femmes en couche; il en résultoit que le repos de ces dernières étoit souvent troublé.

Par une circonstance des plus heureuses, l'hôtel Lautreck, loué à une maîtresse de pension, est devenu vacant; l'Administration l'a pris à loyer, et le pensionnat des élèves y est maintenant établi. Les dortoirs sont beaux, vastes, aérés, et la surveillance est facile.

DIRECTION DES TRAVAUX DE BATIMENS DANS LES DEUX MAISONS.

La direction des travaux de ces deux maisons est confiée à l'un des deux architectes attachés à l'Administration (1).

Les travaux qui s'exécutent annuellement dans cette maison sont de deux espèces, ceux d'entretien et ceux imprévus.

La serrurerie, la couverture, la vitrerie et la poëlerie sont à l'entretien, par des marchés qui se renouvellent chaque année, et à des prix déterminés.

Les marchés spécifient la nature des ouvrages d'entretien auxquels seront tenus les entrepreneurs. Tous les trois mois ils doivent rapporter à l'Économe, des certificats des surveillantes des emplois constatant que, sous le rapport de ces divers travaux, ils se sont respectivement conformés à leur marchés. L'Économe leur délivre en conséquence un certificat, visé par l'Agent de surveillance. Ce certificat forme leur pièce de créance auprès de l'Administration.

Lorsqu'il y a urgence pour des travaux imprévus et qu'ils sont d'ailleurs de peu d'importance, l'Agent ou l'Économe, pour éviter une plus grande dégradation, ordonne la réparation, et pendant ce tems on remplit, à l'égard de ces travaux, les formalités ci-après:

S'il n'y a pas d'urgence, que d'ailleurs l'avis de l'architecte soit nécessaire, celui-ci se transporte à l'Hospice, accompagné des entrepreneurs; il leur explique de quelle manière

_____

(1) Celui de l'Hospice de la Maternité, est M. Viel, ancien architecte de l'Hopital général, et encore chargé aujourd'hui de toutes les maisons qui le composoient.

il entend faire faire la réparation. Ces entrepreneurs dressent en conséquence des devis à l'appui de soumissions, par lesquelles ils s'engagent à faire ces travaux pour tel prix, sauf réglement, et à les terminer dans tel délai. Lorsque ces devis et soumissions sont visés par l'architecte, ils sont soumis à l'autorisation du Conseil par le membre chargé spécialement de l'Hospice ; et lorsque l'arrêté qui autorise les travaux est approuvé par le Préfet du département, les entrepreneurs exécutent ces travaux, que l'architecte visite de tems à autre.

Ces opérations une fois terminées, les entrepreneurs dressent leurs mémoires ; l'Agent et l'Econome attestent au bas, par un certificat, que les travaux ont été exécutés. Ces mémoires sont envoyés au réglement, et remis ensuite à la comptabilité générale.

Ces formalités n'ont lieu que pour les réparations qui n'excèdent pas 1000 francs ; lorsqu'elles doivent aller au-delà, elles sont mises en adjudication.

RÉGLEMENS

QUI ONT SUCCESSIVEMENT DIRIGÉ L'ÉTABLISSEMENT.

L'ancien Hopital des Enfans-Trouvés étoit dirigé par un bureau particulier, composé de plusieurs membres de l'Hopital général.

Les réglemens qui ont été faits à partir de 1640, sont en très - grand nombre : les uns ont modifié les autres ; d'autres sont venus remplacer ces derniers, et presque tous sont tombés en désuétude pendant les années de la révolution.

Depuis l'an 2, époque de la transformation de l'Etablissement en Hospice de la Maternité, jusqu'en l'an 5, la forme des Administrations a changé si fréquemment qu'on auroit peine à retrouver la forme de leur réglement.

Une loi du 16 vendémiaire an 5, a créé une Commission administrative composée de cinq membres, à laquelle on a confié la direction générale des Hospices de Paris. Cette Commission délibéroit, et tous les réglemens qui peuvent être émanés de son autorité, à l'égard de cet Hospice, sont consignés dans ses registres de délibérations, déposés aux archives générales des Hospices civils.

Un arrêté des consuls, en date du 7 nivose an 9, a de nouveau organisé les Hospices, et créé le Conseil général d'Administration. Cet arrêté détermine les fonctions du Conseil et celles de la Commission administrative.

C'est à partir de cette époque que les hospices et hopitaux civils de Paris ont eu pour ainsi dire une législation nouvelle. Ainsi tous les réglemens anciens et nouveaux qu'on a pu recueillir sur l'Hospice de la Maternité, ont été fondus en un code spécial, arrêté par le Conseil général, le 13 ventôse an 10.

Ce code renferme presque toutes les mesures dont le développement a été fait dans cet ouvrage.

---

(1) Les réglemens de l'ancienne Administration qui dans ce Code ont sous une nouvelle forme été remis en vigueur pour le service des enfans à la Campagne, sont 1°., une Instruction sur les devoirs des meneurs du 2 mars 1713, un réglement du 24 mars 1765 et un autre du 10 avril 1776.

CONCLUSION.

De cette description fidèle de toutes les parties du service de l'Hospice de la Maternité, il doit résulter que si l'on s'appesantit sur chacune d'elles en particulier, on remarquera que la prudence et l'humanité ont calculé tout ce qui pouvoit être approprié aux besoins et au moral de chaque classe ; que toutes les mesures, même les plus minutieuses en apparence, qui ont été prévues, prescrites, et qui s'exécutent journellement, sont le fruit de l'expérience d'un grand nombre d'années ; que, dans une maison, de laquelle dépendoit l'existence d'une grande quantité d'enfans, il falloit, pour se mettre en garde contre l'erreur et l'imprévoyance, qui trop souvent se glissent dans les institutions humaines, imaginer des moyens, pour ainsi dire indépendans de l'homme, pour arriver à des résultats infaillibles.

Qu'on n'imagine pas néanmoins, d'après le tableau qui vient d'être présenté, qu'un aussi grand Établissement, dont le service intérieur est considérable, dont les ramifications s'étendent à plus de 60 lieues de rayon de la capitale, soit inséparable de quelques abus, et ne puisse pas être susceptible de diverses améliorations. Dans un tems où les enfans n'étoient pas encore en grand nombre, où la charité particulière les recueilloit, si l'on a vu qu'on en faisoit déjà un trafic honteux, on peut penser qu'aujourd'hui l'on peut encore être en butte à l'ignorante cupidité ; mais une surveillance active, sévère, découvre la trace des abus ; dans un ordre de choses où l'on ne peut impunément violer les dispositions des lois et des réglemens, ces abus sont bientôt réprimés.

Quant aux améliorations, elles sont le fruit du tems et de l'observation. C'est après plus de 150 ans que l'Hôpital des Enfans-Trouvés est arrivé à un état d'organisation bien supérieure à celui qui existoit autrefois.

Lorsque de nouvelles années se seront écoulées, et que l'on comparera, d'après cet écrit, l'état de l'Hospice dans les circonstances présentes, avec ce qu'il sera alors, si l'on a lieu de se féliciter des avantages obtenus sur le passé, on jugera peut-être que ce Mémoire n'aura pas été inutile pour les préparer, en exposant aux yeux de tous ceux qui s'occupent du sort des pauvres, et en soumettant à leur méditation l'ensemble et les détails de l'Administration et du service intérieur et extérieur de l'Établissement.

FIN.

TABLE

TABLE DES MATIÈRES.

A

B

C

D

E

F

FIN DE LA TABLE.

ERRATA.

PAGE ix, *ligne* 19, les réglemens, *lisez* des réglemens.

Page x, *ligne* 5, penoient, *lisez* prenoient.

Page 24, *au lieu* du titre.Pain de départ, *substituer* celui Départ et Voyage.

Page 27, *au* 5ᵉ. *titre* Camapgne, *lisez* Campagne.

Page 31, *ligne* 6, leur sous-meneurs, *lisez* leurs sous-meneurs.

Page 38, 1ʳᵉ. *ligne*, par leur marchés, *lisez* leurs marchés.

Page 45, *ligne* 36, ce résultat, *lisez* ce nombre.

Page 52, *ligne* 5, tous le tems, *lisez* tout le tems.

Page 60, *ligne* 13, le théorie, *lisez* la théorie.

Page 62, *ligne* 18, trouveroint, *lisez* trouveroient.

Page 64, *ligne* 13, mois, *lisez* moins.

Page 80, *ligne* 7, leur pensions, *lisez* leurs pensions.

Page 87, *ligne* 3, les membres, *lisez* le membre.

Page 95, *ligne* 19, après magasin, *mettez* point et virgule.

Page 107, *ligne* 3, 'enfant, *lisez* l'enfant.

Page 133, *ligne* 21, la forme, *lisez* la trace.

www.ingramcontent.com/pod-product-compliance
Lightning Source LLC
Chambersburg PA
CBHW072239270326
41930CB00010B/2198